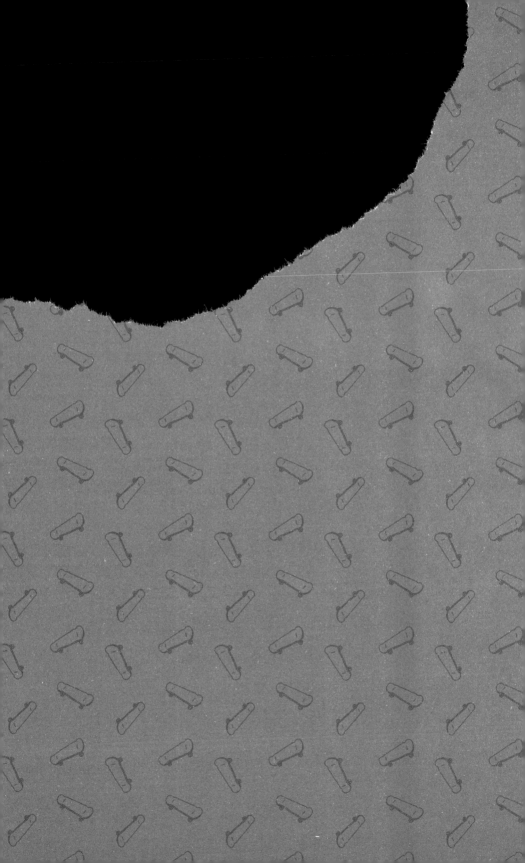

Cosas que DEBES SABER · ANTES · DE · CUMPLIR cuarenta

NOFICCIÓN

FAUSTO PONCE

Cosas
que
DEBES SABER
·ANTES·DE·
CUMPLIR
cuarenta

B

MÉXICO 2017

BARCELONA · BOGOTÁ · BUENOS AIRES · CARACAS
MADRID · MIAMI · MONTEVIDEO · SANTIAGO DE CHILE

**Cosas que debes saber
antes de cumplir cuarenta**
Primera edición: febrero de 2017

D. R. © 2017, Fausto Ponce
D. R. © 2017, Ediciones B México, S. A. de C. V.
      Bradley 52, Anzures CX-11590, Ciudad de México

ISBN: 978-607-529-124-6

Impreso en México | *Printed in Mexico*

EL MIEDO A UN CAMBIO INEVITABLE

"Ya vamos a cumplir cuarenta", me dijo un amigo de adolescencia al que tenía casi veinte años de no haber visto. Ante su aseveración, no tuve más remedio que contestarle que sí. Tenía toda la razón, cómo negarlo. Pero luego prosiguió: "Dicen que es ahora cuando debemos lanzarnos a hacer lo que realmente queremos. Si no es ahora, no va a ser nunca".

Eso sí me dejó pálido.

Y por supuesto me llevó a hacer una revisión de lo que había sido mi vida. De mis logros, mis fracasos y aquello de lo que nunca fui consciente, ante lo que nunca tuve una postura clara pero ahora me preguntaba si debía haberlo hecho así o de otro modo. Esto último es lo que más pesa. Durante ese súbito e imprevisto viaje al pasado no sólo me topé con conflictos existenciales. También caí en la cuenta de que mi mundo de adolescencia prácticamente había desaparecido: todo estaba transformado.

Ahora bien, a diferencia de mi padre y su generación, que decían que su mundo de juventud era mejor que el de ahora, yo considero este mundo como mío, todavía. No soy adolescente y no tengo mucho qué ver con los jóvenes, pero tampoco me considero una persona que se quedó atorada viviendo en el pasado. De hecho, me gusta más el presente, y de ninguna manera quisiera regresar a esos tiempos. Cuando mi padre tenía mi edad sí hablaba de "sus tiempos". ¿Mis tiempos? Mis tiempos son los que vivo a cada momento, mis tiempos son el aquí y el ahora. Curiosamente, y con todo y que este mundo me da una sensación de mareo, el mundo de mi adolescencia me es casi irreconocible… y poco deseable. Supongo que muchos de mi generación lo viven de la misma manera.

Siempre he odiado los cambios, lo confieso. Me considero una persona que se adapta a cualquier circunstancia pero tengo una firme resistencia a la sola idea de un cambio. Realmente lo padezco. Una vez que el proceso comienza me acoplo rápido, pero pensar anticipadamente en el cambio me parece chocante. ¿Cambio de colonia? ¡No!, ¿por qué, si soy feliz saludando al señor de la tienda de la esquina? Además me conocen en el Súper 7, y la señora de las quesadillas que se pone a una cuadra de mi casa me regala una extra cuando está de buenas. ¿Cocinar con menos sal? ¿Qué necesidad? Por no decir que si se cocinó con poca sal y después se le agrega al platillo, ya no sabe igual. ¿Cambio de forma de hacer las cosas en el trabajo? ¿Pero para qué, si todo está funcionando? Bueno, y si no está funcionando, la simple idea de renovarse da pereza. Es muy cansado, se consume mucha energía, y además genera estrés.

Lo curioso es que la mayoría de los cambios ocurren sin que nos demos cuenta. Quizá sea porque muchos no amenazan nuestra zona de confort, o simplemente hay otras cosas que nos importan. La realidad es que desde que nací, en 1978, hasta hoy, nuestra forma de ver la sociedad e interactuar con los demás ha cambiado de muchas formas. La principal culpable es la tecnología, que a su vez incide en las ideologías, así como en la creación de contenidos en los medios y en el arte y en su apropiación por el público.

No ligamos como antes, no conocemos mujeres u hombres de la misma manera. Hoy tenemos Facebook, Tinder, Twitter... Ya no nos comunicamos igual. Ahora tenemos esa sensación de estar conectados con otras personas todo el tiempo. Nuestra forma de concebirnos como mexicanos no es la misma que la de nuestros padres: ahora somos ciudadanos globales interesados por culturas, ideas o banalidades que vienen de todas partes del mundo, si bien Estados Unidos es nuestra principal influencia.

Por supuesto, los que nacimos antes de los ochenta tenemos menos pelo, eso está a la vista. Ya no podemos salir a andar en patineta, no tanto por el qué dirán, sino porque las caídas nos duelen más. Hay que decir que nuestra cultura tiene un halo de infantilización; a los adultos contemporáneos se nos permite realizar actividades antes propias de niños o adolescentes. Eso sí, los adolescentes siguen tratando igual a los que rondan los treinta, eso no cambia. Pero los que rebasamos los treinta nos quejamos de las nuevas generaciones y creemos que "nuestros tiempos" eran mejores.

Mejores o no, lo cierto es que el tiempo en que vivimos, tengamos la edad que tengamos, lleva un ritmo de cambio vertiginoso, y todo gracias a la tecnología. En su libro *Todo lo sólido se desvanece en el aire,* Marshall Berman aborda este fenómeno, que ocurrió con la llegada de la modernidad y en los últimos años se ha acelerado. Y eso que cuando el autor escribió el libro, en la década de los setenta, internet no era lo que es hoy: una puerta por donde se colaron una serie de bárbaros que cambiaron nuestras referencias culturales.

No sé si fue por haber crecido con mi abuela y mi bisabuela que de pronto prefiero un mundo estático donde nada se mueva, con roles establecidos y alternativas moderadas a la vorágine a la que ahora nos enfrentamos: un mundo donde todo se puede porque todos podemos hacer lo que sea siempre y cuando hayamos visto un tutorial en YouTube.

Las mujeres ya no tienen que comportarse "como mujeres" ni los hombres "como hombres" obedeciendo los tradicionales roles sociales, que finalmente no son sino un conjunto de estereotipos. Ahora incluso se hacen faldas para hombres, y las mujeres se pueden vestir como quieran y apartarse de los comportamientos antes esperados de ellas, y los hombres ya no tenemos que pagar siempre la cuenta, como antes era casi socialmente obligado. Aunque sigue habiendo mujeres a las que les gusta que las inviten, también hay muchas que valoran más la independencia y no necesariamente quieren casarse o tener hijos. Muchas ya no cocinan, mientras que ahora algunos hombres planchamos y trapeamos la casa, cosa antes impensada. Ahora que la diversidad sexual es más visible y tiene espacios en la red, se nos olvida que son expresiones que han estado con nosotros desde siempre, aunque no hubiéramos reparado mucho en ellas. Ahora somos más conscientes de la sexualidad humana en sus diferentes expresiones y en su complejidad.

Ya no sólo podemos vivir en unión libre sino que la gente se puede casar con alguien de su mismo sexo, o incluso podemos explorar el poliamor: no la poligamia a la manera de algunos mormones, sino un tipo de relación abierta en la que tanto hombres como mujeres eligen amar a más de una persona. Vaya que las relaciones de pareja y el concepto de familia han vivido una transformación. Me imagino a un hombre con una pareja estable que luego, de común acuerdo con ella, decide entrarle al poliamor y se relaciona amorosamente también con otras mujeres, que a su vez tendrán otros hombres, que a su vez tendrán otras mujeres o bien otros hombres, algunos de ellos casados y con hijos que engendraron con una mujer o bien adoptaron junto con un "amigo", que en realidad siempre fue su amante pero si la mamá de alguno de ellos lo sabía podía morir de un paro fulminante. Pero, en fin, lo importante es que haya amor, ¿no?

Y la tecnología avanza a tal velocidad que estamos a dos pasos de vivir en un mundo con robots, como en alguna no muy vieja película de ciencia ficción. Bueno, de entrada, muchos de los adelantos tecnológicos que vimos en *Volver al futuro 2* se ven sumamente pasados de moda al cabo de menos de treinta años. Estamos superando a muchas películas futuristas.

Las religiones pierden credibilidad pero no desaparecen, y al mismo tiempo surgen corrientes espirituales de todo tipo. Algunas quieren competir con la ciencia, pero en otros casos la ciencia las usa a su favor, y entonces resulta que unos científicos se enojan y dicen que eso no es ciencia, y se ponen rudos y sólo aceptan el conocimiento objetivo y comprobable... Al final todo convive y todo se vale, pero al mismo tiempo todo se contradice. Basta revisar las notas "científicas" sobre salud que publican algunos periódicos: cada día aparecen estudios que demuestran que equis alimento que solíamos comer nos puede provocar las peores enfermedades, y por otro lado aparece como de la nada un nuevo alimento que casi nadie comía pero se supone que es cuasimilagroso y evita todo tipo de males. Si tratáramos de seguir lo que se nos dice, haciendo de lado que es prácticamente imposible, descubriríamos múltiples contradicciones.

Por supuesto, en un mundo como el descrito la ansiedad se dispara al cien. Lejos de salir a la calle y decir "¡Somos libres!", nos sentimos abrumados ante tal multiplicidad de opciones, aunque tampoco se trata de regresar al pasado. Y así, las contradicciones siguen y siguen.

Este libro, además de funcionar como una especie de depositario de los traumas propios de la edad de alguien como yo (que no se siente todo un señor pero ya tampoco es un joven), intenta esbozar un panorama que en treinta años se ha transformado de manera vertiginosa. Por un lado me emociona profundamente, pero me aterra, debo reconocerlo. Sí, me aterran tantas opciones, tantos valores contradictorios, tantas posibilidades infinitas. En efecto, todo lo sólido se desvanece en el aire.

En estos momentos de transición, tengo la firme y ferviente creencia de que encontraremos un nuevo orden, porque si se estudia la historia de la humanidad, se observa que los cambios de paradigma son algo común en nuestra sociedad. En algún momento encontraremos un nuevo paradigma que de seguro no será lo que vislumbramos ahora, y cuando llegue, poco a poco saldrán detractores que nos digan que antes se vivía mejor y se quejen de las nuevas generaciones y de la crisis de valores, tal como se ha repetido una y otra vez en nuestra historia. Por lo pronto, disfrutemos el cambio y pensemos que aún faltan muchas sorpresas por venir.

Este libro surgió, pues, de la inquietud de estar en un mundo nuevo, que no es con el que crecí, pero que no me es ajeno, y sin embargo es tan vertiginoso en su esencia que de pronto puede resultar aterrador. A través de estas páginas y con unos breves repasos a diversos temas de la cultura y la ciencia observaremos que, sin embargo, en medio de ese cambio hay un mundo de posibilidades para reestructurarnos y definir nuestro destino. En la época de nuestros abuelos, casi todo estaba definido y había más certezas. Ahora todo parece transformación perpetua, y si bien puede resultar angustiante y aterrador, es al mismo tiempo sumamente esperanzador, porque nos permite hacernos y deshacernos a nuestro antojo para encontrar la mejor versión de nosotros mismos.

CAPÍTULO I

DEL AMOR Y OTROS DEMONIOS

1.1 *Marketing* del amor

Aquella mañana abrí los ojos de manera súbita. Un bombazo de adrenalina me sacó del sueño profundo, una marea de ansiedad me recorría el cuerpo. Era como si hubiera despertado de una pesadilla y, sin embargo, mi sueño distaba de haber sido desagradable. Eran las siete de la mañana y el primer pensamiento que tuve fue: "No va a regresar, me va a abandonar".

Después ya no pude volver a conciliar el sueño, la ansiedad no bajaba. Decidí pararme y ocuparme en algo, lavar ropa, recoger... A esa hora no podía llamarle a nadie, todos estarían dormidos.

Como pude, sobreviví a la tensión entre mi ello, mi yo y mi superyó... y me dieron las diez de la mañana, todavía demasiado temprano para hablar con mis conocidos de más confianza, así que tuve otro impulso, uno que había tenido desde hacía tiempo pero jamás me había animado: iría a una lectura de tarot.

El centro esotérico abría justo a esa hora, así que pronto encontraría respuestas sobre mi futuro, nuestro futuro, y toda la verdad sobre el amor que ella decía tenerme.

Al cabo de algunos minutos ya estaba en el lugar, un espacio cargado de incienso, imágenes de ángeles, budas panzones, gatos saludando, cuarzos y libros sobre sanación, espiritualidad y amor verdadero.

—Hola, quiero una lectura de tarot —le digo a la señorita del mostrador, y ella me hace pasar a una sala privada: un cuarto pequeño con una mesa circular y dos sillas.

Momentos después llega el tarotista, que me explica en qué consiste la lectura y me pide que revuelva las cartas siete veces.

—Quiero saber sobre una mujer. Quiero saber si se va a ir.

—Pon los pies bien firmes. Haz la pregunta y di su nombre completo; luego toca la mesa con el puño cerrado tres veces de tu lado izquierdo y luego del derecho. Y me pasas nueve cartas.

Un poco nervioso, hago lo que me dice: los pies bien plantados, la pregunta, el nombre completo y los toques en la mesa. En medio de todo eso pienso si lo he hecho bien, así que le pregunto. Una vez que me da su aprobación le entrego las nueve cartas.

Mientras comienza la lectura recuerdo la impresión que me causó ver a mis compañeros de prepa en la última comida de ex alumnos, apenas un año antes: casi todos se habían divorciado o separado de parejas con las que llevaban varios años. De pronto era curioso ver cómo los solteros se comportaban como si estuviéramos en una fiesta de la prepa: todos medio borrachos, ellos y ellas, viendo a quién se ligaban. Ese día faltaba un mes para la fiesta anual, y por supuesto me pregunté si ahora no sería yo el que estuviera viendo a quién ligar.

En eso el tarotista empieza a darme respuestas.

—Ella se está cerrando, está en crisis, pero tú sientes que se va a ir. Eso es tuyo. Ella está en crisis pero tú eres el que está inseguro. Esta carta eres tú, y no sabes si realmente debes estar con ella. Pero se ve difícil. Si no cambias, se va a ir. ¿Realmente la quieres?

—Sí, de verdad. ¿Qué tengo qué hacer?

—A ver, dame nueve cartas más —se las doy y continúa—: Uy, tienes un hechizo: alguien por ahí te hizo un amarre, no quiere que te vaya bien en el amor, no quiere que avances. Alguien te puso tierra de panteón. Primero hay que quitarlo. Aun así, lo veo difícil con ella.

—Si quitamos el hechizo... ¿hay alguna posibilidad? —le digo sin pensar siquiera si lo que me dice es factible. ¿Tierra de panteón?

—Qué chistoso. Normalmente, cuando a alguien le sale que una posibilidad está cerrada, de inmediato pregunta si habrá alguien más. Dame otras nueve cartas...

—Soy un poco necio.

Me dice que vaya por agua bendita, que compre talco y un machete. Según recuerdo, debía ponerles talco a todos mis zapatos y rociarlos con agua bendita. El machete debía usarlo para cortar las malas energías, y todo debía pasarlo por mi campo áurico, tal como como si estuviera cortando algo.

Luego vinieron más preguntas y respuestas que ya no

recuerdo, como no recuerdo qué debía hacer para recuperar a la mujer en cuestión, pero el caso es que no funcionó. Salí de ahí más tranquilo porque me había confrontado con mis inseguridades, pero sólo un poco, pues la ansiedad no se disipó hasta que comencé a ir a terapia.

A la distancia, creo que el adivino tenía razón, no sé si en lo de la tierra de panteón, pero al menos sí en la parte del amor que según yo le profesaba a aquella mujer. En todo caso, por supuesto que fui a la comida ex alumnos e intenté ligarme a alguien...

No tuve éxito, pero platiqué mucho con gente que me reveló sus desventuras amorosas; todos a mitad de sus treintas, reencontrándose a sí mismos, como una segunda adolescencia, pero con la conciencia de saberse "rucos" jugando a ser adolescentes. Algunos casados decían estar bien, pero a otros ya se les notaba cierto hastío.

Según datos del Instituto Nacional de Geografía e Informática, en 2013 se registraron poco más de 583 000 matrimonios en nuestro país, contando a los matrimonios del mismo sexo en la Ciudad de México y los estados de Jalisco y Chihuahua. De 1990 a la fecha, la institución matrimonial registra una tasa de crecimiento promedio de −0.4%; la tendencia negativa aumenta conforme pasan los años. En términos estadísticos y para efectos prácticos, estos números dejan fuera a los que viven en unión libre.

La edad promedio a la que se casan los hombres en este país es de 29.8 años, y de las mujeres 26.9; la Ciudad de México tiene la edad promedio más elevada: los hombres a los 33.2 y las mujeres a los 30.4 años.

La tendencia de divorcios también ha ido al alza en los últimos veinticinco años; la tasa anual promedio de 1990 a 2013 es de 4.3%. En 2013 se registró la cifra más alta, con poco más de 108 000 divorcios.

Eso fue hace cuatros años, cuando su servidor tenía apenas treinta y tres. Conforme pasaron los años, los divorcios y separaciones aumentaron, y los que estaban casados y decían estar bien eran bichos raros. De hecho, varios casados se comportaban como si fueran solteros y se comportaban de maneras que años antes habrían sido muy extrañas, como bailar muy pegado con alguien que no fuera su pareja, o de plano intentar ligar por una noche con el permiso de "su otra mitad".

Sin embargo, un alto porcentaje de las personas con las que platiqué —casados, solteros, emparejados, monógamos, infieles, etc.—, hombres y mujeres por igual, decían querer una relación de esas que son para siempre, aunque ellas lo expresaban de manera más directa.

Claro que había excepciones, como los que de plano deseaban vivir solos o uno que otro que decía haber encontrado su lugar en el poliamor, pero la mayoría quería su "… y vivieron felices para siempre". No por nada el género de la novela rosa es uno de los más redituables en la industria editorial. Datos de la organización Romance Writers of America revelan que en 2013 los títulos de ficción romántica generaron 1 080 millones de dólares. La edad de los lectores del género oscila entre los treinta y los cincuenta y cuatro años. ¿Quiénes son los que compran estos libros? Un 84% de mujeres y un 16% de hombres.

En nuestro país, según me han informado algunos distribuidores de manera informal, cerca de 80% de los libros vendidos son novelas románticas o bien libros de autoayuda que hablan sobre temas amorosos.

Pero no sólo en los libros es el motivo predominante. Si hablamos de cine, pensemos que *Titanic*, ante todo una historia de amor, es una de las cintas más taquilleras de todos los tiempos, con $658.7 millones de dólares generados. Incluso *Avatar*, que con $760.5 millones de dólares es la número uno, tiene una trama de amor sin la cual el resto de la narración perdería importancia.

Y no olvidemos que las letras de la música pop tratan de amor y desamor, de alguien que celebra, busca o extraña a su media naranja. Por algo Rob Gordon, el protagonista de la novela *Alta fidelidad*, de Nick Hornby, se pregunta si la falta de solidez de sus relaciones de pareja se debe a que escucha ese tipo de música.

> ¿Qué fue primero, la música o mi desgracia? ¿Oía esa música porque era desgraciado o era desgraciado porque oía esa música? ¿Todos esos discos te convierten en una persona melancólica?
>
> La gente se preocupa por los niños que juegan con pistolas y los adolescentes que ven videos violentos; tememos que una especie de cultura de la violencia llegue a dominarlos. Nadie se preocupa de que los niños oigan miles —literalmente miles— de canciones sobre corazones rotos, decepciones, dolor, desgracia y rupturas.

En esta historia Rob se pregunta por qué no ha podido sentar cabeza, por qué no puede tener una relación estable. Quizá sea por la música pop, quizá por su inmadurez o porque en este mundo moderno tenemos opciones, a diferencia de nuestros abuelos, que seguramente ni se preocupaban por cómo mejorar su vida sexual, por ejemplo.

En efecto, en aquellos tiempos no había opciones: si el cónyuge te salía bien, es decir, se ajustaba al papel que se esperaba de él, perfecto, pero si no, te aguantabas. No había consejeros matrimoniales que nos dijeran que los miembros de la pareja podían crecer y ser más felices juntos y tener más conciencia y ser más espirituales, y todas esas opciones modernas, fabulosas y a la vez angustiantes. Porque ante tantas opciones, seguimos encontrando dilemas por resolver.

El dramaturgo y director David Mamet comenta que antes, en las historias de amor, los personajes hacían hasta lo imposible por estar juntos; eran ellos contra el mundo. Ahora los amantes parecen inventar problemas inexistentes para estar separados. Tanto ocio les da tiempo para pensar si la pareja que tienen enfrente es ciento por ciento compatible, porque pasar el resto de la vida con alguien es mucho tiempo.

Demasiada neurosis; demasiada individualidad; demasiado yo, yo, yo y primero yo… Pero el asunto del amor se vuelve más complejo cuando introducimos en la ecuación el *marketing* que invita a las parejas a expresar su amor a través de una industria consumista. Como dice Eloy Fernández Porta en *Eros. La superproducción de los afectos*, el amor se ha convertido en una mezcla de *marketing*, consumismo, *branding* e intercambio de servicios, y cada vez es menos una expresión de nuestro mundo interior.

Buscar a esa otra mitad de la que habla Platón en *El banquete* se vuelve más complejo, e incluso debemos preguntarnos: ¿existirá, o es sólo un constructo cultural antiguo que ya perdió vigencia? O tal vez lo que hemos perdido son los valores y vivimos en un mundo en decadencia.

Todo esto no es ni malo ni bueno; simplemente vivimos en un mundo distinto al de nuestros abuelos, en el que, si bien las posibilidades son abrumadoras, tenemos la libertad para reinventarnos y diseñar nuestro modo de vida en pareja como los adultos pensantes y responsables que somos (aunque a veces no lo parezca).

¿Qué **conclusiones** sacamos de este apartado?

→ Los divorcios y rupturas de ese otro con el que debíamos estar para siempre nos alcanzan conforme entramos a los treinta.

→ Una ruptura a esta edad no es el fin del mundo, sino una posibilidad para reinventar nuestra vida.

→ Nuestra media naranja no es algo que ya esté dado.

→ Una vez que encontramos a "nuestra media naranja", lo más importante es construir con ella la relación que deseamos.

1.2 De divorcios, separaciones, segundas vueltas y otros desastres

"¿Cómo pasó todo esto?", me repetía una y otra vez mientras caminaba sin rumbo fijo; era una noche oscura y fría. Bueno, en realidad me dirigía al cine y la noche no estaba tan fría, pero una parte de mi cabeza vivió así aquel momento. Me había separado hacía pocos días y estaba repasando los hechos en mi mente. Y sí, en efecto, me sentía sin rumbo, como si todo lo que nos habían contado sobre el amor fuera mentira... Era eso, o aceptar que había fracasado.

Nuestro cerebro vive cierto tipo de separaciones de la pareja de manera similar a la muerte de un ser querido, según varios especialistas en ciencias de la conducta, entre ellos la psicóloga clínica Jennifer Kromberg, quien aplicó a la ruptura amorosa las etapas del duelo que Elizabeth Kübler-Ross describe en su libro *Sobre la muerte y los moribundos.*

Una amiga contaba que cuando su marido se fue de casa ella se levantaba en las mañanas y claramente podía sentir a su ex por la casa; sentía que en cualquier momento saldría del estudio (la habitación donde más tiempo pasaba), o que de alguna manera seguía por ahí. Quienes han padecido la muerte de alguna persona que vivía con ellos describen algo muy parecido.

De pronto, la persona con la que pasaste varios años se va de tu vida, desaparece. Y quedan en su lugar los recuerdos de esa vida a su lado, la nostalgia del amor ideal, la desvanecida promesa de amor eterno...

No pasa de un día para otro, pero casi siempre uno de los dos, al menos, lo vive así. Hasta que poco a poco vamos haciendo un recuento de la situación y empezamos a descubrir la raíz de los problemas: nunca me quiso, nunca lo quise, ya no me hacía caso, su trabajo era más importante que yo, de pronto dejé de amarlo, se nos acabó el amor, yo cambié pero él se estancó, nunca me escuchaba, siempre se hacía lo que él quería... y todas las historias habidas y por haber que permitan entender cómo fue que el sueño se esfumó.

Al principio casi siempre nos contamos historias para sentirnos mejor, para justificarnos o justificar al otro, para evadir nuestra responsabilidad, pero en el fondo sabemos bien lo que realmente pasó. Y si somos sinceros, la verdad sale a la luz. Pero mientras tanto, nos sentimos infelices y deambulamos por la vida en calidad de fantasmas...

Y pensamos en alguna forma de hacer volver al otro, nos aferramos a su recuerdo, nos quebramos la cabeza buscando qué hacer para recuperar su amor, porque, claro, los amores son para siempre o así deben ser. Y si no... es porque tengo algún problema: algo está tan mal conmigo que el otro no se quiso quedar.

O bien nos apresuramos a ir por quien viene a continuación, porque la vida hay que vivirla, ¿cierto? Hay que aprovechar y vivir, y no andar penando por nadie. El amor de nuestra vida llegará, y si no es el que se fue será el que sigue... Pero como todo es un proceso de duelo, si nos apresuramos resulta que el que viene no es, y entonces será el que sigue, o el que sigue después del que sigue. Y al final de nuevo pensamos que somos nosotros los que tenemos el problema, y nuestra autoestima bajó y todo es un desastre.

La ansiedad, la frustración, el dolor y la decepción son sentimientos que atacan tanto al que dejan como al que deja. El meollo del asunto es que la separación se vive como un fracaso... Al final todos nos preguntamos dónde está esa otra mitad que necesitamos para sentirnos completos.

Y entramos a terapia o buscamos algún método alternativo o grupo de apoyo para salir del hoyo, y entonces se nos informa que en realidad no necesitamos al otro para estar bien con nosotros mismos, que somos seres completos y autosuficientes... No necesitamos a nadie más para estar bien; si eso creemos, es señal de baja autoestima.

Sí, exacto, maldito Platón y sus estupideces de la "otra mitad". Todo es su culpa, él nos contó el mito ese de que hubo un tiempo en que éramos seres pegados a otro, y que de pronto nos separaron, y por eso vamos por el mundo buscando a nuestra otra mitad. Pero no, en el mundo moderno no es así, sabemos que no, en sentido estricto no necesitamos a nadie para ser felices y querernos a nosotros mismos... Claro, pero vamos al psicólogo para entenderlo, y nos juntamos con un grupo de apoyo con gente que nos estima, y nos refugiamos en la familia o en los amigos que nos quieren incondicionalmente. Fuera de ellos, nadie más...

Bueno, viéndolo bien, quizá no la hacemos del todo solos... ¿O sí? El siglo XXI nos ofrece infinidad de opciones, pero eso de que no necesitamos a una pareja para ser felices se dice fácil, pues lo cierto es que somos seres que aman la compañía de sus pares; es a través de ellos como aprendemos, amamos, reímos y lloramos.

Platón explica en el diálogo *El banquete* que Eros (el amor) es hijo de Poros (la abundancia), que tiene la capacidad de crear, y de Penia (la pobreza), con su capacidad de aspiración. Es decir, en una explicación simplista, uno quiere porque algo le hace falta, y eso que nos hace falta lo vemos en el otro. En la realización del amor llegamos a la unidad, vencemos la carencia.

> Eros es un gran dios, muy digno de ser honrado por los dioses y por los hombres por mil razones, sobre todo por su ancianidad; porque es el más anciano de los dioses. La prueba es que no tiene ni padre ni madre; ningún poeta ni pensador se los ha atribuido. Según Hesíodo, el caos existió al principio, y en seguida apareció la tierra con su vasto seno, base eterna e inquebrantable de todas la cosas, y de Eros.

Y más adelante refiere, en boca de Aristófanes, un mito que explica por qué necesitamos al otro: hace mucho pero mucho tiempo, la naturaleza humana era muy diferente de lo que conocemos ahora. Había tres clases de seres humanos: los dos sexos que conocemos (masculino y femenino) y un tercero que ya no existe, el andrógino, que reunía al sexo masculino y femenino. Estos "ancestros" tenían formas circulares y cuatro piernas y cuatro brazos. Eran fuertes, y los dioses pensaban que podrían representar una amenaza, así que Zeus decidió menguar sus fuerzas y dividirlos. Así tendrían menos fuerza y, además, como fueron separados en dos, así los dioses tendrían doble número de sirvientes. Total que el resultado de haberlos partido en dos es que aquellos que estaban unidos busquen la manera de regresar a su otra mitad para restaurar su perfección. Los que pertenecían al sexo andrógino buscarán hombre o mujer, según el caso; los del sexo femenino buscarán a otra mujer, y los del masculino a otro hombre.

Francesco Alberoni, en su libro *El arte de amar*, escribe: "Nos enamoramos cuando, insatisfechos del presente, tenemos la energía interior para empezar otra etapa de nuestra existencia. Rompemos los viejos lazos sociales y edificamos una vida individual y social nueva y no podemos crearla solos, debemos ser por lo menos dos".

En fin, no haré aquí toda una disertación sobre el amor; sólo era un ejemplo para mostrar que el concepto de alma gemela, de nuestra otra mitad, mal que bien está muy presente en nosotros. No quiere decir que las cosas no puedan ser diferentes, pero esa figura del otro es sumamente importante en nuestra vida, ya sea como pareja, amigo, maestro o familiar. El otro es importante para la construcción de nosotros mismos como sujetos, nos dice Patricia Corres en *Alteridad y tiempo en el sujeto y la historia*.

¿Cómo le hacemos entonces? Primero debemos regresar un poco al momento de la separación. Como ya observamos, las fases de este doloroso trance se asemejan a las cinco fases del duelo por la muerte de alguien.

1. **Negación**: Se nos informa que la relación terminó pero una parte de nosotros se niega a creer que sea cierto. Una voz en nuestra cabeza nos dice: "Esto no puede estar pasando". Y fantaseamos con que las cosas tienen solución a pesar de lo que digan los demás o las pruebas de que algo se rompió.

2. **Ira**: En esta etapa maldecimos a todo lo que podemos:

al universo, al ex, a nosotros mismos o a quien consideremos de algún modo culpable de nuestra ruptura, por ejemplo, la compañera o compañero de trabajo que seguro le dijo que no éramos los indicados o que interfirieron en la relación para quitarnos a la pareja y andar con ella.

3. **Negociación**: Ya que se nos pasa el enojo buscamos la manera de hacerle saber al otro que las cosas pueden arreglarse: le decimos que vamos a cambiar o que iremos a terapia. En esta etapa damos entrada también a elementos sobrenaturales; vamos con brujos que hagan amarres, nos interesamos en cuestiones esotéricas para encontrar la manera de estar con quien se fue, hacemos un pacto con Dios o con el universo: seremos buenas personas si nuestra media naranja regresa con nosotros.

4. **Tristeza**: Cuando vemos que nada hará regresar a la otra persona, viene la tristeza… Dormimos mucho, o, al revés, muy poco. Nos sentimos desconectados de los demás, del mundo… La esperanza nos abandona y pensamos que no podremos seguir adelante, que nunca encontraremos a nadie más.

5. **Aceptación**: Finalmente vemos la luz al final del túnel; aceptamos la pérdida y estamos en paz. Tenemos la fortaleza para salir adelante: total, la vida sigue y nosotros también.

Es en la etapa cinco donde se da el cierre emocional: dejamos ir el pasado y vemos nuevas posibilidades en el futuro.

Para llegar a ese cierre, la doctora Abigail Brenner nos da varios consejos:

a) **Hacernos responsables**: Lo primero que hay que entender es que sólo nosotros podemos salir de esta situación. Los demás podrán acompañarnos pero somos nosotros los que tenemos las respuestas. Debemos preguntarnos a qué nos estamos aferrando: ¿a una situación que ya dejó de ser?, ¿a lo que nos gustaría que hubiera sido? Aferrarnos a esa persona, ¿es una forma de enfrentar la pérdida y el vacío que nos provoca? ¿Tenemos miedo de soltarla? ¿Qué creemos que pasaría si lo hiciéramos? Una vez que hemos contestado esta serie de preguntas, los cómos y los porqués, con total honestidad, el enojo y la tristeza disminuirán considerablemente.

b) **Vivir el sentimiento de pérdida**: La separación duele, y hay que tomarnos el tiempo para vivir ese duelo. Todo el que sea necesario. Si bien no es recomendable vivir años y años con ese sentimiento, tampoco puede apresurarse o cortarse por presión de los que nos dicen "Ya supéralo". Un duelo apresurado artificialmente afectará de manera negativa las decisiones que tomemos en el futuro.

c) **Reunir fuerzas**: En este paso, Brenner recomienda realizar una serie de acciones para resaltar lo positivo, como hacer una lista de nuestros talentos y logros, rodearnos de gente que nos apoye, enfocarnos en lo que nos hace feliz y no preocuparnos por a fuerzas agradarles a los demás, evaluar qué cambio positivo podemos hacer en nuestra vida aquí y ahora.

d) **Hacer un plan de acción**: Ordenar nuestras prioridades y realizar una serie de acciones que nos permitan llegar al cambio antes descrito. Debemos explorar todas las posibilidades y no desanimarnos si alguna no funciona.

e) **Inventar un ritual**: Además de analizar, revisar y hablar con otros de nuestra situación, conviene crear un ritual que nos ayude a cerrar. Brenner sostiene que una acción de esta naturaleza es una herramienta poderosa para el cierre, que nos permite ser creativos y utilizar nuestra intuición. Por ejemplo, podríamos echar sus cartas y fotos al fuego (y, de hecho, si son digitales imprimirlas para poderlas quemar).

Luego nos sorprenderemos con las conclusiones que saldrán de la separación, pues finalmente la responsabilidad es de los dos miembros de la pareja, no de uno solo. Lo importante es no vivirnos como víctimas, sino darnos cuenta de que tenemos más poder del que imaginamos sobre lo que acontece en nuestra vida.

Cabe mencionar que, tanto en las etapas del duelo como en los puntos determinantes para el cierre emocional, a veces podemos ir y venir por ellos hasta que sanamos la herida o nos sentimos mejor. Claro que eso no necesariamente significa que ya estemos listos o con ganas de iniciar otra relación amorosa.

Algunas personas se cerrarán a buscar el amor por miedo a volver a repetir la historia anterior, o habrá quienes comiencen un periodo de reconocimiento, es decir, una etapa en la que se dediquen a redescubrir quiénes son, fase para la que ayuda mucho estar solo.

Lo importante es cerrar la relación de tal manera que el pensamiento de lo que fue y lo que pudo haber sido ya no nos afecte, ya no nos enoje o entristezca, sino que el recuerdo de esa persona sea neutro, o bien que pensemos en ella justo como lo que fue: parte de nuestro pasado (quizá se convierta en una buena amiga), alguien a quien le deseamos lo mejor. Ya entonces estaremos listos para nuestro siguiente capítulo.

¿Qué **conclusiones** sacamos de este apartado?

→ La separación amorosa puede equipararse al duelo que se vive cuando muere un ser querido.

→ Es importante entender las etapas de duelo y darse la oportunidad de vivirlas.

→ Durante esas etapas, hay cinco consejos que ayudan a cerrar ese capítulo de nuestro pasado: hacernos responsables, vivir el duelo, reunir fuerzas, hacer un plan de acción y crear un ritual.

→ Pese al dolor, debemos saber que sí existe una salida.

→ Tenemos más poder sobre lo que acontece en nuestra vida de lo que imaginamos.

→ Todos deseamos querer y que nos quieran, pero esto no significa que no valgamos nada si no tenemos pareja: valemos por lo que somos.

1.3 Realidades sobre el príncipe azul y la princesa

De unos años para acá he oído a muchos quejarse del modelo clásico del amor cortés: el hombre galante y noble que para cortejar a la mujer le bajará el cielo y las estrellas y conquistará su amor por la "fuerza de la espada", que simboliza la astucia del pensamiento y la palabra.

En su libro *Bad Boyfriends. Using Attachment Theory to Avoid Mr (or Ms) Wrong and Make You a Better Partner*, Jeb Kinnison recuerda que el amor caballeresco tuvo sus orígenes en la Edad Media, mitificado por los trovadores de la época (de nuevo, los artistas pop moldeando nuestra sensibilidad).

El código de caballería establecía un escenario en el que el caballero expresaba un amor casto y puro para con su doncella amada: un amor ideal y no sexual. Antes de que los trovadores se pusieran a divulgar estas ideas, el amor cortés no era algo deseable. Antes de eso, el matrimonio era más una alianza material que una unión amorosa. El amor, si acaso, venía después... con suerte.

En el capítulo 22 de la primera parte del Quijote, nuestro héroe se encuentra con una mujer llamada Marcela, acusada de ser culpable del suicidio de un hombre al que ella no correspondió con su amor. El Quijote la exonera, puesto que uno no tiene la obligación de casarse con quien no quiere.

Aprovechando que el Quijote hace su aparición, dejo estas bellas palabras que profiere a su amada Dulcinea en el capítulo 25 de la primera parte:

Y así, bástame a mí pensar y creer que la buena de Aldonza Lorenzo es hermosa y honesta, y en lo del linaje, importa poco, que no han de ir a hacer la información dél para darle algún hábito, y yo me hago cuenta que es la más alta princesa del mundo. Porque has de saber, Sancho, si no lo sabes, que dos cosas solas incitan a amar, más que otras, que son la mucha hermosura y la buena fama, y estas dos cosas se hallan consumadamente en Dulcinea, porque en ser hermosa, ninguna le iguala, y en la buena fama, pocas le llegan.

Mucho amor casto y puro… y por lo visto lo sexual se encontraba generalmente en otro lado, como dice la canción "Corazón loco" de Antonio Machín, sobre un hombre que ama a dos mujeres: "Una es el amor sagrado, compañera de mi vida, esposa y madre a la vez. La otra es el amor prohibido, complemento de mis ansias, y a quien no renunciaré".

Pues de esas épocas medievales proviene nuestro concepto de romance. Sigue hasta cierto punto vigente, como se constata en las películas de Hollywood, en las canciones pop y en las historias de Disney. Pero, con todo, algo de eso está empezando a cambiar. Resulta que Disney nos entrega princesas que esperan a su hombre, y todo el mundo se ríe del príncipe azul, y prefieren un sapo o un ogro de pantano… pero, claro, que sea un hombre sensible que esté en contacto con sus sentimientos, racional, trabajador, protector, y una innumerable lista de atributos que nos hacen tan irreales como un príncipe azul, pero en fin…

Por otro lado, las mujeres ya no son aquellas flores delicadas: son independientes, trabajadoras, capaces de ganar el sustento, y no necesitan a nadie que las proteja ni les hace falta un hombre para ser felices. Menos un príncipe azul, porque las hacen parecer débiles y además no existen, por no decir que el tal príncipe se convertirá en sapo o en macho de primera.

Debo confesar que yo nunca he sido un príncipe azul. Tampoco es que haya sido un sapo, patán o rebelde sin causa (aunque muchas también caen con ese modelo): sólo que crecí en una casa con tintes medio comunistas donde debía haber igualdad, así que nunca fui consciente de esos métodos caballerescos.

El hecho de no comportarme así no me ayudó mucho; de hecho me hizo perder un par de oportunidades, desde una mujer que no volvió a salir conmigo porque no le abrí la puerta del coche —bueno... además de que dejé el coche un poco despegado de la banqueta— hasta no hacer ciertas labores de conquista con un par de mujeres que me gustaban.

¿Entonces cómo le hacía? A veces las cosas se daban por generación espontánea y en ocasiones se me aparecían mujeres un poco más aventadas e intensas que hacían que el proceso fuera bidireccional. Y por supuesto ya ahí me comportaba como un hombre moderno, sensible, que sabía escuchar, que era comprensivo y no posesivo, etcétera.

Ah, y también hablaba de mis sentimientos, y aquí me voy a detener unos momentos. Es que cuando uno se pone en contacto con sus emociones se siente como... niña chiquita (lo siento si la expresión suena anacrónica, pero sí crecí con la consigna de que "los hombres no lloran"). Es importante mencionar que los príncipes azules son románticos, pero eso no quiere decir que entraran en contacto con emociones más personales, como conflictos existenciales o depresión.

Tony Soprano, el protagonista de la serie *Los Soprano*, lo explica en un sesión con su psiquiatra, la doctora Melfi, en el episodio "The Strong, Silent Type" de la temporada cuatro:

> Ahora todo mundo va con psicólogos y consejeros [...] y habla de sus problemas. ¿Qué pasó con Gary Cooper, el tipo fuerte y silencioso? [...]. Él no estaba en contacto con sus sentimientos: hacía lo que tenía que hacer. Lo que nadie sabía era que una vez que Gary Cooper entraba en contacto con sus sentimientos, no iban a poder callarlo... y todo iba a ser disfunción de esto y disfunción de aquello, y disfunción ni madres...

Y sí, una vez que entramos en contacto con nuestros sentimientos aflora nuestro lado femenino, y no sólo es complicado callarnos, sino que además, al menos en mi experiencia, generamos cierta incomodidad en la contraparte: me he topado con mujeres que se ponen serias y no dicen nada cuando uno muestra sus sentimientos, y hay otras que los minimizan y se enojan. Una vez hasta un "No seas joto" me soltaron.

Cuando le conté esto a una amiga mía, me respondió esto, que por cierto tomé con muchísima reserva: "Ay, amigo, qué padre. Yo estaría rayadísima de tener un hombre así, con quien pudiera platicar, y que fuera sensible y me escuchara; un amor más maduro que sea de ambos lados".

¿Por qué lo tomé con reserva? En primer lugar porque creo que los fracasos en la relación son de dos, y que nadie es completamente malo ni completamente bueno; no creo en las víctimas, al menos en ese rubro.

En segundo lugar, mi interlocutora había tenido a una bola de rebeldes sin causa o patanes que llegaron disfrazados de príncipes azules; lobos con piel de oveja a los que ella nunca les vio el colmillo, o eso quiso creer. Y en segundo lugar, mi amiga y yo habíamos tenido por años una extraña relación: nos gustábamos pero por alguna razón nunca concretábamos nada. Recuerdo un día que llamó para decirme que lo intentáramos, ya que teníamos una conexión tan fuerte. Yo con cierto miedo —porque conocía algunas partes de su personalidad muy oscuras— le dije que sí. La cuestión es que al día siguiente me llamó para decirme que mejor lo platicáramos luego, porque... la noche anterior estaba un poco tomada.

Y en tercer lugar, meses antes de la plática me enteré de que estaba saliendo con alguien porque le había "echado ganas"; es decir, no lo admitió porque la hiciera sentir libre, sino porque entró en el juego de la conquista. Aquí no se dio la regla del amor, o sea, ella no se enamoró, pero el protocolo del amor cortés estuvo presente.

La persona ideal para mi amiga no tenía que ser yo: podía ser alguien más que cumpliera con los requisitos que según ella eran ideales y que deseaba, al menos en su discurso; la realidad es que nunca le he conocido un hombre como el que describía; la realidad es que el modelo que tenemos introyectado es el modelo del amor cortés:

el hombre que va por la mujer y le baja la luna y las estrellas, mientras ella espera pasivamente, cual doncella en un castillo.

Claro, el príncipe azul debe ser un príncipe no sólo en modales, sino en bienes materiales que sostengan su nobleza, ¿o qué pensaban? Los caballeros eran nobles que por lo general tenían bienes materiales; de otra forma, la princesa no cambiaría su castillo por un pesebre.

Cuando mi abuelo paterno fue a pedir la mano de mi abuela no sólo estaba presente mi bisabuela, sino su hermana, que era toda una feminista de su época, una mujer buena para los negocios (aunque en otros aspectos de género era más bien conservadora). El meollo del asunto es que una de las primeras cosas que le preguntaron fue: "¿Cómo piensa mantenerla?". Ah, pero no contaban con que mi abuelo traía a su madre, una respetable señora de la alta sociedad de Campeche que consiguió impresionarlas. No había hombres presentes en dicha reunión porque habían huido con alguien más, pero eso es otro tema.

Antes de llegar a esa cita, mi abuelo había hecho su trabajo de cortejar a mi abuela por un tiempo, hasta que decidió declararse por medio de una nota en papel que ella recibió en su escritorio (trabajaban juntos). Mi abuela se lo encontró a la salida del trabajo y lo único que pudo decirle fue "Te digo mañana". Y salió corriendo.

Al día siguiente le dio el sí, pero mi abuelo siguió con el cortejo y durante un año le escribió poemas, hasta que llegaron al altar. Antes no se usaba eso de acostarse en las primeras citas. Y bueno, los pormenores íntimos que vinieron después no los conozco.

¿Qué pasaba con el príncipe azul y la princesa en el "...y

vivieron felices para siempre"? Lo único que sé es que dormían en camas y cuartos separados. ¿Matrimonio horrible? ¿Decepcionante? No lo sé. Ahora creemos que es importante decirlo todo, y antes se guardaban las apariencias; lo que puedo decir es que cuando murió mi abuelo, mi abuela se sumergió en una profunda tristeza.

Siguiendo con los aspectos materiales del amor, quiero contar otra anécdota, ahora del lado de mi madre. Cuando ella se fue a vivir con mi padre, mi bisabuela le preguntó seriamente: "Oye, hija, ¿y todavía trabajas?" "Sí, abuelita", respondió mi madre. Mi bisabuela no pudo contenerse y le hizo saber, a su manera, su descontento: "Ay, diablo de viejo huevón". Mi bisabuela era hija de su época; sin embargo, cuando supo que la esposa de otro de sus nietos trabajaba, la llamó y le dijo: "Qué bueno que trabajas, hija, para que ayudes a mi nieto".

El amor debe de ser de alguna manera entre iguales, como le dice Ulises a Nausícaa en la *Odisea:* "Dos mentes, dos corazones que funcionen como uno". Por supuesto, aunque luego la "igualdad" sólo está en la clase social.

Y cuando los amantes no son iguales en este sentido, luchan contra el mundo para salvar su amor prohibido, al estilo Romeo y Julieta, y Dios quiera que el mundo siempre siga contra ellos, porque cuando los acepta, el amor se acaba. Aunque ahora, con tantas opciones, ¿para qué luchar contra el mundo si podemos conseguir otro amor con un simple clic del *mouse?*

¿Y qué hay de las doncellas modernas con respecto a los hombres? Bueno, pues nos gustan independientes, propositivas, que nos ayuden a tomar decisiones, que apoyen en la casa, que junto con nosotros formen un estupendo equipo. Por supuesto, ¡viva la igualdad!

Pero en su independencia parece que no nos necesitan, no sólo en lo material, ni siquiera para la fiesta. Hay muchas que aguantan hasta más que uno. Y a veces lucen más prontas para huirle al compromiso que nosotros. Cuando uno repara en que no cocinan ni saben planchar, la inseguridad aflora. Y las doncellas que no son doncellas nos pueden llegar a atemorizar.

Sí, las cosas están cambiando, pero es un mundo raro: el viejo modelo aún no se va y el nuevo es como una idea que aún no termina de cuajar. Como dice Paul Simon, "everyody loves the sound of a train in the distance": sí, a la distancia suena muy bonito, pero cuando el tren llega, ya no es lo que parece.

Y peor aún, la idea anterior al amor ideal todavía está entre nosotros: cuando hay problemas de dinero, las cosas nunca pueden ir bien; lo material no ha perdido relevancia ni en el amor cortés ni en el poliamor; ni en relaciones abiertas ni en las cerradas ni en las que están encerradas en el clóset.

Sea cual sea el tipo de amor, el secreto no parece estar en el modelo sino en la congruencia de los acuerdos y la comunicación.

¿Qué **conclusiones** sacamos de este apartado?

→ El modelo de amor cortés, que hasta cierto punto sigue entre nosotros, surgió en la Edad Media con los trovadores, que difundieron las historias de caballeros que enamoraban doncellas.

→ El modelo de romance correspondía a un amor casto y puro; por lo general las escapadas sexuales se hallaban en otra parte.

→ Antes del modelo del amor cortés, los matrimonios tenían más que ver con lo material que con el amor.

→ El modelo de amor debe contemplar un cortejo en donde se tome a la mujer como un ser activo y no un objeto a la espera de ser conquistado.

→ A pesar de que deseamos un modelo distinto donde no existan doncellas y caballeros, vivimos en una época en la que los caballeros no desaparecen, pero ya no los quieren como antes, y en la que las doncellas no quieren parecer tales.

→ Los caballeros modernos dicen no querer una doncella, pero les encantaría que se quedara en casa y no se fuera de fiesta con sus amigas.

→ Algunas doncellas quieren un hombre sensible con su lado femenino desarrollado, pero en secreto guardan una foto del príncipe azul bajo la almohada.

1.4 Segundas vueltas y el amor en tiempos de Facebook, Whatsapp y Tinder

Una amiga mía que lee las cartas se encuentra seguido con la siguiente situación: mujeres y hombres que llegan preguntando si el amor de su vida va a regresar, o si ya está con otra persona; si realmente los quiere, si los extraña. Todas esas dudas que uno tiene cuando siente que su relación amorosa está en las últimas o de plano acaba de morir. Si la respuesta confirma las sospechas fatalistas del que consulta, éste de inmediato pregunta si vendrá otra persona.

O sea que enseguida estamos listos para el segundo *round,* para volver al "mercado" de la soltería y comenzar el juego del *dating* con el propósito de encontrar a esa persona que sí será para nosotros, que se quedará para siempre: esa persona que nos corresponde por derecho divino para vivir la gran historia de amor que nos dicen que existe. No ahondaré en si esto es real, inventado, posible, imposible, un cuento de hadas o una realidad divina, pero muchos fantaseamos con eso en algún momento.

Y entonces abrimos la agenda, buscamos a quienes alguna vez rondaron por nuestra vida y nos topamos con que, de entrada, lo que se abre ya no es una agenda: ahora se buscan los contactos en Whatsapp y Facebook, pues así es mucho más cómodo, aunque por otra parte nos provoque mucha incertidumbre. Hagamos de cuenta, pues, que, como en los viejos tiempos, abrimos la agenda (por cierto, yo sí llegué a hacer esto varias veces antes de casarme).

¿Y qué descubrimos? Que algunas se fueron a vivir a otra ciudad o país, algunas se casaron o están en unión libre, otras sólo buscan un amante y el resto ya no se ven como antes o, por decirlo de otra manera, maduraron con poca gracia. Y probablemente nosotros también, pero, vaya, somos poco autocríticos.

A veces encontramos viejos amores o ligues, sonsacamos a alguien para que nos presente a una amiga, buscamos dentro del ambiente de trabajo... Rara vez encontramos a alguien en un bar o un antro. Bueno, lo digo por mí, que nunca he conocido a nadie en un contexto así, es decir, nadie a quien le pida el teléfono (o le haga una solicitud de amistad en Facebook) para que después salgamos juntos.

Conozco una historia en la que ocurrió algo así y tuvo final feliz. Tuvo lugar hace casi diez años. Mi amiga Sandra fue a un antro con sus amigas; en algún punto de la noche se le acercó un sujeto de no malos bigotes que se puso a hacerle plática, contó un par de chistes y a ella le pareció simpático. Aun así, ella puso su cara de "Ay, vengo con mis amigas y aquí está el típico hombre que anda perro" y se mostró indiferente. Con todo, ya entrada la noche y con unas copas encima le dio su teléfono de casa. Un mes después, él habló para salir. Ella aceptó, y un par de salidas después ya había romance.

Okey, ¿qué está fuera de lugar en esta historia? Claro: ella no le dio su celular, le dio el teléfono de su casa. ¿Quién da el teléfono de casa en estos tiempos? Todo mundo trae celular. Probablemente en 2016 o 2017 ella le hubiera dado su Facebook y o bien su celular, pero él la habría contactado por Whatsapp. ¿Estamos de acuerdo?

Hace un par de meses en el parque me topé con una extranjera, una chica de Texas que había sacado a pasear a su perrita. Resulta que yo andaba en patineta y la cachorrita se me abalanzó. Eso sirvió de pretexto para intercambiar algunas palabras y una despedida que fue más o menos así: "Vengo todos los días aquí como a esta hora. ¿Tienes Facebook?".

¿A qué voy? A que resulta que uno liga diferente. Antes de que me casara, pocos traían celulares, así que uno debía pedir el teléfono de casa, y si tenía suerte el de oficina; aunque era un poco incómodo hablar al lugar de trabajo para pedir una primera cita, ahí sería seguro que encontraría a la susodicha.

Cuando me divorcié, Facebook se volvió el medio ideal para no comprometerse mucho, de tal manera que así no tendría uno que andar recibiendo llamadas indeseadas o intrusivas. Además, uno podía antes que nada hacerse una idea de cómo era la persona en cuestión, comenzar con ciertas conversaciones, y luego ya pedir el teléfono. Súper bien ¿no?

En todo caso, imaginemos que alguien nos presentó a una chica (o chico) o la (lo) conocimos donde se te ocurra. ¿Qué sigue? Conocerla (conocerlo) un poco más. Y qué mejor que agregarnos en Facebook y empezar por ahí nuestras conversaciones y cortejos.

En su artículo "When You Fall in Love, This is What Facebook Sees" Robinson Meyer, al hablar de las conclusiones de un estudio de esa red social sobre las interacciones entre dos personas que salen juntas, antes y después del clic, digamos, observa que, si bien en los veinte días previos a la actualización de su estatus a "en una relación" su ritmo de posteo va creciendo dramáticamente, a lo largo de los cien días posteriores va, por el contrario, disminuyendo: pasan de 1.67 por día doce días antes, a 1.53 cuando ya llevan 85 días. Pero aunque sean menos, a partir del día en que su relación comienza, y a juzgar por la frecuencia de palabras que expresan emociones positivas, los posteos son más alegres, y esto es lo más interesante del estudio.

Debo confesar que a través de Facebook conocí a una chica de la que después me hice novio. El primer contacto se dio por ahí gracias al programa de radio en que participo, y estuvimos platicando a lo largo de un mes por mensajes directos y, como dicen en algunas partes del país, andábamos de "volados". Y que uno empieza a emocionarse y que mariposas en el estómago y... agendamos una cita y a partir de ese momento el trato quedó cerrado.

Ella no era de la Ciudad de México, lo cual hacía más loco todo el asunto. El noviazgo fue de idas y venidas cada quince días, muy desgastante, muy intenso, y a final de cuentas un poco desastroso. Todo muy bonito mientras la escasa convivencia iba sacando a relucir los defectos y patologías de los dos, y en un abrir y cerrar de ojos la personalidad virtual de ambos se había destruido para dar lugar a dos personas que querían cosas totalmente opuestas.

No es raro enamorarse en Facebook de alguien con quien se tiene poco contacto o ninguno, y es igual a las fases del enamoramiento que se viven en el mundo real. ¿Que sea a través de Facebook lo hace menos real? No lo creo; finalmente la parte del enamoramiento se basa en la ilusión y en la apariencia. Lo difícil viene cuando empiezan a aparecer las carencias, vicios y defectos.

Bien dicen que hay que tener cuidado de enamorarse de desconocidos a través de las redes sociales: uno puede terminar enamorándose de alguien que realmente no existe, como le ocurrió a Audrey Elaine Elrod, según se narra en un artículo de Brendan I. Koerner. Audrey, mujer estadounidense de cuarenta y cinco años, se enamoró por Facebook de un sujeto bien parecido llamado Duke McGregor, supuestamente un ingeniero que vivía en Escocia.

Duke contactó a Audrey por un mensaje de Facebook en el que alababa su belleza. Al buscar a un amigo suyo se había topado con su perfil. Audrey respondió el mensaje y en unas horas ya estaban platicando intimidades en un chat de Yahoo. Duke tenía un hijo de nombre Kevin que vivía en Manchester y al que esperaba poder ver algún día; su esposa había muerto en un terrible accidente en 2003 y él aún no lo superaba.

Las conversaciones seguían, aunque nunca por videochat, y en una de ésas Duke le pidió dinero a Audrey para que Kevin pudiera viajar para ver a su padre. Ella accedió, aunque cabe mencionar que ella se había quedado sin trabajo desde hacía varios meses y vivía de la seguridad social.

Para no hacer el cuento largo, Kevin y su padre nunca llegaron a reunirse, porque resulta que habían hecho mal la conversión de dólares a libras y el dinero no había alcanzado. Tiempo después Kevin sufrió un terrible accidente y tuvo que ser hospitalizado, así que Duke necesitaba dinero. ¿Y quién tuvo que pagar? Por supuesto, Audrey, quien poco a poco fue quedándose sin nada, hasta que regresó a vivir a casa de sus padres. Las facturas de Kevin no era lo único que Audrey tuvo que pagar:

Duke también le pidió ayuda para varias cosas personales. A esas alturas Audrey había hablado también con Kevin y lo quería "como a un hijo".

Las sospechas de Audrey se despertaron cuando empezó a ayudar a Duke con unas transferencias bancarias que un amigo de él, que trabajaba en un banco de Nigeria, tenía que realizar en Estados Unidos: ella recibía dinero y debía depositarlo en otra cuenta. Seguía pensando que al final todo era por Kevin.

Las cosas cambiaron cuando Audrey recibió por Facebook un mensaje de una de las personas a las que les había depositado dinero, una tal señora Cohen, que amenazaba a Audrey con ir hasta las últimas consecuencias si descubría que la salud del señor B. estaba en peligro. ¿Quién era el señor B.? Un tal Mike Benson, el equivalente de Duke para la señora Cohen, que vivía en Los Ángeles. Benson iría a encontrarse con la señora Cohen desde Londres pero había tenido un problema debido a la custodia de su hijo Ken, y dicho problema requería dinero, por lo que Cohen debía depositar seiscientos dólares a la cuenta de la asistente de su abogado, una tal Audrey Elrod. Hasta ahí la historia de amor.

El señor Benson y Duke eran parte de una estafa que se fraguaba desde Nigeria, donde un grupo criminal usurpaba fotos de sujetos bien parecidos y creaba perfiles falsos para pescar mujeres con baja autoestima que pasaban por periodos de crisis. ¿Cómo las enamoraban? Las trataban como nunca nadie las había tratado: les hablaban bonito, de manera romántica...

Afortunadamente yo sí conocí a la persona en cuestión, no así mi amiga Verónica, quien un día, después de no habernos visto en mucho tiempo, me comentó que se había enamorado por Facebook de un sujeto maravilloso de Inglaterra, que le mandaba mensajes por la mañana y le hablaba por la madrugada para cantarle canciones de amor. Pero de pronto todo se había acabado, cuando él le pidió dinero para el enganche de una casa a buen precio adonde podían irse a vivir juntos. Mi amiga, que no pasaba por una buena situación económica, se negó; no tenía dinero y nunca en la vida le había dado dinero a ningún hombre, así que le dijo adiós. El sujeto desapareció. Por cierto, también él tenía un hijo adolescente que vivía lejos de él.

En medio de su crisis existencial, mi amiga conservaba algo de orgullo que ayudó a que no cayera en la estafa. Ya no quise decirle nada más sobre su experiencia, que tan familiar me resultaba: sólo me dediqué a escucharla.

Volviendo a mi relación a distancia, otro factor con un componente de tortura fue el Whatsapp, que si bien puede ser una bendición porque estás en contacto con tu media naranja todo el día, también se vuelve un excelente pretexto para llenar nuestra mente con sospechas y la angustia de si ya le habrá llegado, ya lo habrá leído, o, típico, ver que la otra está en línea y no me escribe, por no hablar de la palomita azul. A mí me tocó sufrir varios reclamos debido a la dinámica que establece, entre ellos uno porque mi hora de conexión fue a las seis y media de la mañana y no le mandé mensaje hasta las nueve. ¿Con quién estaría hablando? Con nadie, me metí porque tenía un mensaje sin leer, pero eso bastó. Lo curioso es que cuando un día le hice a ella la mismísima observación, se molestó y acto seguido desactivó las confirmaciones de lectura.

Por complicado que parezca, no sé si quiero regresar a esos días en los que llamabas a casa de la persona esperando encontrarla, y si no estaba le dejabas un recado con quien hubiera contestado. Al menos hoy podemos saber si el mensaje llegó o no: antes tenía uno que volver a hablar porque igual y no le habían pasado el recado, o a lo mejor ella no tenía interés en nosotros. Lo malo es que toda la familia se enteraba de que ahí andaba uno como baboso llame y llame.

Supongo que era peor cuando mis abuelos tenían que cortejarse, porque en la década de los cuarenta no todos tenían teléfono; las viejas generaciones seguro eran más pacientes, porque su vida no estaba a un clic (o dos palomitas azules) de distancia.

Hay otro adelanto tecnológico que puede funcionar para emparejarnos: Tinder, la app en la que podemos seleccionar a personas que nos gusten, por supuesto que tengan la aplicación, y si a ellas les gustamos establecemos contacto y listo, que comience el *dating*.

Para quienes no sepan cómo funciona, les platico: cada usuario abre una cuenta y configura la aplicación para que nos muestre a hombres o mujeres, la distancia a la que se encuentran de nosotros y, si queremos, un rango de edad. Entonces cuando entramos nos aparecen fotos de gente con el perfil que buscamos. Si no nos gustan arrastramos la imagen para el lado izquierdo y si nos gustan la arrastramos hacia el lado derecho, y van apareciendo una y otra y otra, y así sucesivamente. En algún momento la aplicación nos avisará si nosotros le gustamos a alguno de los que nos gustaron. Esto puede ser inmediato (si dio la casualidad de que alguna de ellas ya hubiera visto nuestro perfil y lo hubiera arrastrado al lado derecho), al día siguiente... o pueden pasar varios días, en cuyo caso todo indica que las personas que nos gustaron no pensaron lo mismo que nosotros. Hay quienes después de deslizar veinte perfiles del lado del *like,* reciben dos *likes,* o más.

Yo probé el servicio, debo confesarlo, y me fue pésimo: no hice *match* con quien realmente me gustaba, pero con las otras mujeres que hicieron *match* conmigo no me animé a salir para ver si en persona se veían mejor que en su foto. Quien de plano no se veía bien era yo: si hubiera sido diferente habría tenido más suerte. Claro está que reducir todo a una foto y una breve descripción de perfil es injusto para muchos de nosotros.

Pero bueno, de pronto oigo a hombres que son maestros del Tinder y siempre consiguen una cita. Las historias de éxito que conozco son acostones de una sola noche y salidas que no llegan muy lejos. Por lo general, las mujeres entran buscando el amor o una amistad, y los hombres entran buscando con quién acostarse.

En lo que respecta a mi poco éxito, debo decir en mi defensa que, según un experimento (descrito en Kendall Wood, "Men Vs. Women"), hay una enorme disparidad en los géneros: las mujeres reciben 2.6 matches más que los hombres, más del doble; allí los hombres ligamos poco; sin embargo, hay algunas experiencias felices que nos hacen creer que el amor en los tiempos de las apps sí existe.

Tinder tiene cerca de diez millones de usuarios (según informa el sitio *TechCrunch*) y diariamente se hacen cerca de mil millones de deslizamientos, así que no es extraño que entre tanta gente a algunos les vaya bien. Tampoco son historias tan espectaculares, nada que no ocurra en

Facebook (o no haya pasado antes con los amores por correspondencia): primero un intercambio de mensajes, luego una primera cita y la sensación de enamoramiento, y listo. Lo difícil es saber si algunos *matches* vivieron felices para siempre o si la personalidad real no desmintió de manera dramática a la personalidad virtual.

Sea por telégrafo, carta, Messenger, Tinder, Whatsapp, Facebook o lo que cada quien quiera, la construcción de las relaciones es igual de complicada: lo que cambia son las formas (aunque mis amigas dicen que nada sustituye a una llamada por teléfono). Lo cierto es que ahora, cuando todo es tan inmediato como un clic, tenemos poca paciencia ante situaciones que impliquen un esfuerzo. Pero lo más importante es que el amor llegará, ya sea por una red social o de otro modo. En cualquier caso, la interacción cara a cara siempre será el factor decisivo.

¿Qué **conclusiones** sacamos de este apartado?

→ Es posible enamorarse de un desconocido por Facebook u otra red social. Lo difícil viene después de trascender el mundo virtual.

→ Enamorarse de un desconocido sí tiene sus riesgos, así que, por videochat o algún otro medio, asegúrate de que la otra persona es real; revisa si tienes algún amigo en común con él o googléalo. Si no está en Google, no existe.

→ Las actualizaciones en tiempo real de perfiles o mensajes por Whatsapp son un arma de doble filo.

→ El amor en los tiempos de las redes sociales es muy estresante debido a nuestro afán de inmediatez.

→ El amor en tiempos de las apps es posible, pero nunca sustituirá la interacción directa con otra persona.

Datos interesantes
sobre el **enamoramiento**

Las personas enamoradas tienen una actividad química similar al trastorno obsesivo compulsivo. Resulta que cuando nos enamoramos, nuestro cerebro disminuye los niveles de secreción de serotonina asociados con los sentimientos de felicidad y bienestar, mientras que eleva los niveles de cortisol asociados con el estrés. Lo mismo ocurre en el cerebro de personas diagnosticadas con trastornos obsesivos compulsivos. Eso explica por qué cuando nos enamoramos actuamos de manera tan extraña.

Acurrucarse funciona como una aspirina. Algunos estudios muestran que al acurrucarse con la persona amada se genera una dosis de oxitocina, la cual ayuda a la disminución del dolor de cabeza y contribuye a otras sensaciones de bienestar.

Las mariposas en el estómago son reales. Bueno, no son mariposas propiamente dichas, sino más bien consecuencia de una secreción de adrenalina en el cuerpo cuando vemos a la persona de la que nos estamos enamorando.

Una cara bonita importa más que el cuerpo. Estudios recientes indican que quienes buscan relaciones a largo plazo prefieren personas cuyos rostros les parezcan atractivos, por encima de un cuerpo espectacular.

El corazón roto no es una metáfora. Cuando sufrimos una situación traumática por el fin de una relación amorosa se produce lo que se conoce como el síndrome del corazón roto: el cerebro secreta sustancias químicas que producen la sensación de dolor en el pecho y la falta de aire.

Mis películas de
amor y desamor
favoritas

→ *Embriagado de amor* (*Punch-Drunk Love,* EEUU, 2002), de Paul Thomas Anderson, con Adam Sandler y Emily Watson.

→ *Triste San Valentín* (*Blue Valentine,* EEUU, 2010) de Derek Cianfrance, con Ryn Goslin y Michelle Williams.

→ *El departamento* (*The Apartment,* EEUU, 1960), de Billy Wilder, con Jack Lemmon, Shirley MacLaine y Fred MacMurray.

→ *Doctor Zhivago* (Inglaterra-Italia, 1965), de David Lean, con Omar Sharif, Julie Christie y Alec Guinness.

→ *Señales de amor* (*Serendipity,* EEUU, 2001), de Peter Chelsom, con John Cusack y Kate Beckinsale.

→ *Los juegos del destino* (*Silver Linings Playbook,* EEUU, 2012), de David O'Russell, con Bradley Cooper, Jennifer Lawrence y Robert DeNiro.

→ *Los amantes del Puente Nuevo* (*Les Amants du Pont-Neuf,* Francia, 1991), de Leos Carax, con Juliette Binoche y Denis Lavant.

Mi *playlist* amoroso

PARA EL DESPECHO

→ "Boys Don't Cry" con The Cure
→ "La Chancla" con Lucha Reyes
→ "Tristes recuerdos" con Antonio Aguilar
→ "This Love" con Pantera
→ "Got me Wrong" con Alice in Chains

PARA LLORAR

→ "Cucurrucucú paloma" con Caetano Veloso
→ "Black" con Pearl Jam

→ "Ain't no Sunshine" con Bill Weathers
→ "La vieja carta" con Pedro Vargas
→ "Muriendo lento" con Timbiriche

PARA DECIRLE QUE LA O LO AMAS

→ "Contamíname" con Ana Belén y Víctor Manuel
→ "À primeira vista" con Chico César
→ "You Got me Crazy" con Shakin' Stevens
→ "I've Never Been in Love" con Suzi Quatro

Dato curioso

El origen del 14 de febrero, día del amor y de la amistad o día de san Valentín, estuvo relacionado con un acto de rebeldía, nada qué ver con lo que hoy ocurre. Ahora no sólo resulta ser la norma, sino que todo parece indicar que la celebración es producto del *marketing* y no de un día donde todos debemos amarnos los unos a los otros.

Y es que, según la leyenda, el 14 de febrero de 269 el emperador romano Claudio II ejecutó a un sacerdote llamado Valentín por impugnar su mandato. Claudio pensaba que los jóvenes soldados rendían más en combate si eran solteros y no tenían hijos, así que les prohibió casarse. Sin embargo, Valentín, en franca rebeldía, desobedeció al emperador y comenzó a casar soldados, con lo que se ganó su ejecución.

Como la iglesia católica lo consideró un mártir, lo volvió santo: san Valentín. Alrededor del año 498 comenzó a celebrarse la fiesta de san Valentín dentro del seno de la iglesia católica, situación que se detuvo en 1969 debido a muchas dudas sobre el origen histórico del personaje.

Es decir, san Valentín es un santo que se encuentra muy de capa caída.

CAPÍTULO 2

ESPIRITUALIDAD, EL SECRETO Y LA BUENA FORTUNA

2.1 Sobre espiritualidad, autoayuda y otros auxilios

"Soy cristiano, pero no soy religioso. Soy una persona muy espiritual", me dijo un conocido, lo cual me pareció una situación un tanto extraña, y es que generalmente las personas que se denominan cristianos forman parte de una iglesia. Pero él no es el único, me he encontrado con muchos, no necesariamente cristianos, que dicen ser espirituales pero no religiosos. Creen en Dios, en "el universo" o en algo superior, pero dicen no pertenecer a religión alguna.

Eso sí, van a la India y coquetean con el budismo; o van a que les lean las cartas, con mujeres que hablan con ángeles o con chamanes. Algunos hasta han probado peyote o ayahuasca con alguna especie de guía. Muchos de seguro han leído a Osho y mandan luz y amor, y en Facebook ponen frases que los hacen parecer iluminados y libres de toda aprehensión terrenal.

En fin, no sé por qué me extraña si yo digo que soy católico pero enseguida aclaro que no voy a misa y no cumplo todas las reglas, porque "soy rebelde y no sigo a los demás" pero tengo temor de Dios. Bueno, no, en realidad porque es poco *cool* decir que perteneces a una religión organizada, ¿a poco no?

Observa Katie J. M. Baker, en su artículo "Hexing & Texting", que estamos en medio de un renacimiento de lo oculto y donde la "magia" es una herramienta para lidiar con la ansiedad, porque los mecanismos con los que cuenta la sociedad no están funcionando.

En una encuesta la revista encontró que los *millennials* creen fervientemente en la astrología y el tarot, por no mencionar que a muchos también les da por practicar la hechicería. Sin embargo, los *millennials* son la generación menos religiosa de la historia. En 2001 una encuesta de Gallup reveló que la creencia en lo sobrenatural se ha ido incrementando desde la década de los noventa.

¿Qué es lo que está pasando? Z'ev ben Shimón Halevi lo explica muy bien en el libro *El camino de la Kabbalah*:

> Dentro de cada religión hay dos aspectos: lo que se puede ver y lo oculto. Es posible observar lo manifiesto en los edificios, sus ministros, sus rituales y las escrituras. Esos elementos externos llevan a cabo la tarea de influir en el mundo, aportando un sentido de poder superior; un código moral y de buenas costumbres ante lo que la generalidad de las personas considera una existencia de "diente y garra".

Desde luego, el sacerdocio a veces se ve influido por el mundo, y su autoridad se corrompe, convirtiéndose en opresor del alma, así como del cuerpo [...]. Todas las religiones han tenido tales periodos y muestran la última etapa de decadencia antes de que el nuevo impulso reavive otra vez esa tradición.

Dicho nuevo impulso siempre se origina en el aspecto oculto de la religión. A menudo se centra en un individuo o grupo y la luz que alguna vez iluminó la enseñanza regresa para satisfacer las necesidades de una generación que ya no puede aceptar el entendimiento de sus padres acerca de la tradición.

Las religiones necesitan una transformación cada cierto tiempo. En el caso del catolicismo, los escándalos por pederastia y su rechazo a la diversidad sexual nos dejan claro que se encuentra desfasado.

En su libro *Por qué soy cristiano*, José Antonio Marina afirma: "Lo malo es que las religiones —que aparecen en la historia como instrumentos de salvación— pueden provocar terribles desdichas si no se entienden bien. Lo peor es que las religiones —que aparecen en la historia como un fondo serio sobre el que destacar nuestra vida trivial— entran en el circo de la mercadotecnia. Al final, una gran parte del mundo ilustrado las ve como un grave peligro o como una superstición innecesaria".

Cierta tarde de verano, en una parrillada, conocí a un grupo de personas que habían formado parte de un programa que pretendía generar un cambio en la gente a través de rescatar al niño interior que llevamos dentro. Todos muy amables y buenas personas, se habían reunido en aquella ocasión para recordar los viejos tiempos de su programa; algunos de ellos habían seguido participando en los talleres y fungiendo como especies de guías para los de nuevo ingreso. Así era la dinámica.

Hasta ese momento todo bien, pero de pronto, conforme fueron pasando las horas, noté algo curioso: 99% de los participantes en el programa que estaban ese día en la parrillada tenían, al parecer, una fuerte tendencia al alcoholismo.

¿Era sólo una fiesta y mi observación era exagerada? Digo "tendencia" y "al parecer" porque no puedo hacer un diagnóstico formal, pero sí puedo decir que, gracias al importante historial de alcoholismo en mi familia, alcanzo a reconocer de manera intuitiva ciertos comportamientos, cierta tónica, y en ellos se manifestaban. Durante la plática corroboré mis dudas cuando los oí hablar de su relación con la bebida. "Antes tenía unos hábitos terribles, pero la doctora me puso a dieta. Ahora soy más sano: ya no tomo Coca-Cola. Hasta chupo más sano: uso Ginger Ale para mi whisky", me dijo uno de ellos al cabo de cinco vasos.

Esto no es una cuestión moral, sino un tema de conciencia. Si hablan de rescatar a su niño interior, la pregunta es: ¿de verdad sus niños interiores estaban contentos con eso? Pero antes de seguir, ¿de qué se trata esto del niño interior? El concepto se refiere a una imagen (arquetipo) que representa el potencial de un individuo; se forma durante los primeros seis años de edad por diversas experiencias y determina el potencial de la persona. Es decir, es esa parte que determina si el niño es, a grandes rasgos, optimista y alegre o está lleno de miedos e inseguridades.

Cuando crecemos, ese niño es una parte de nuestra psique que se niega a crecer con nosotros; además, a casi todo el mundo le ocurre que su niño interior resulta estar lastimado. Emerge en momentos en que como adultos enfrentamos ciertas situaciones, y genera un sentimiento negativo que supuestamente no deberíamos tener. Por eso diversos marcos terapéuticos y programas optimistas que buscan reunir grupos de ayuda desarrollaron sistemas en los que se debe rescatar al niño interior y curar sus heridas.

En lo personal tengo problemas con el concepto, pues muchas terapias desarrolladas a partir de él proponen que el niño interior "permanezca vivo" en la persona, pero a los niños les gusta la inmediatez y en ella se realizan. ¿O conocen a alguno que no sea así? ¿Y cómo podría ese niño interior ayudar a manejar situaciones a largo plazo?

En su libro *Inmadurez*, Francesco M. Cataluccio nos dice que ese espíritu infantil puede quedar a merced de los poderosos y de los tiranos, a los que les gusta tomar decisiones por otros. Los adultos nos negamos a crecer. Es esa actitud como de Peter Pan que hace daño a la sociedad. Vivimos en una sociedad infantilizada que está a la espera de que un adulto se haga cargo de las decisiones importantes. Para muestra, otro botón. ¿Recuerdan la película de *La profecía*? Claro, el personaje principal es un niño. Ese espíritu infantil causará la destrucción del mundo.

Aunque no necesariamente todo está mal, desde otro punto de vista el hecho de que el espíritu infantil tenga este despertar forma parte del crecimiento del ser humano, según lo ve uno de los ocultistas más influyentes de la historia, Aleister Crowley, quien dice que vivimos una época que se caracteriza por el "Haz lo que quieras", una edad en la que el espíritu infantil (representado por el dios egipcio Horus) nos guía para buscar nuestra individualidad. Ese "Haz lo que quieras" se sustenta en el amor y en la abolición del ego. Ahora bien, el problema con los postulados de Crowley es que el "Haz lo que quieras" puede caer en un sendero autodestructivo, pues debe pasarse por el exceso antes de llegar a la autorregulación: uno mismo irá encontrando su propia medida, pero mientras tanto tendrá que exceder sus propios límites. El postulado de Crowley tiene un principio hedonista; de hecho él mismo experimentaba con drogas y su sexualidad era bastante abierta (hay quien lo consideraría un degenerado), pero esto sólo tenía la intención de liberarse de ciertas ataduras sociales y encontrarse a sí mismo. Para muchos eso es autodestrucción; para otros, un acto de libertad encaminado a la plenitud. Pero es importante insistir en que el "lo que quieras" nunca puede ejercerse en detrimento de otra persona.

Y aquí la pregunta más importante es: ¿qué es lo que realmente queremos? Dice Fernando Savater en *Ética para Amador* que lo que queremos es aquello que es bueno para nosotros. En el fondo, muy en el fondo, todos sabemos lo que es bueno para nosotros y por consiguiente para los demás. Pero ahí está la clave: lo que es deseable para unos no necesariamente lo es para los otros, por eso nuestras acciones no sólo van encaminadas a satisfacernos en lo personal, sino que debe traducirse en beneficios para los demás. Lo que es bueno para nosotros es aquello que nos hace felices; si somos felices nosotros y también los que nos rodean, ya estamos del otro lado. Las leyes, la moral y las costumbres son un principio que nos acota, pero para llegar a un bien superior y a la trascendencia debemos usar la razón para discernir si nuestras acciones tienen sentido, y para modificarlas y que se traduzcan en beneficios para quienes nos rodean.

Y de todas maneras todo esto es parte del proceso de búsqueda, que no es nada sencillo, y por eso nos refugiamos en terapias, grupos de apoyo, esoterismos, religiones… en lo que sea con tal de que nos ayude a encontrarnos.

Pero resulta que en este mundo todo está a un clic de distancia, internet nos da las respuestas y el individuo debe estar empoderado porque, como hemos comentado, muchos marcos referenciales empiezan a romperse. Es decir, internet nos ofrece la ilusión de que todo lo podemos encontrar, descargar y comprar y de que con las redes sociales nuestra voz puede ser escuchada; no sólo eso: también es posible que con un *hashtag* las estructuras de poder nos escuchen y gracias a nuestro activismo en la red se transformen. Si queremos, podemos hacer un canal de YouTube y hacernos famosos, tener nuestro propio *podcast,* publicar nuestro propio libro y venderlo en línea. Todos podemos ser famosos. Todos podemos ser lo que queramos.

En el ya mencionado *Todo lo sólido se desvanece en el aire,* Berman dice que conforme la tecnología avanza los marcos de referencia de una sociedad se van rompiendo: lo que creíamos ayer no es lo que creemos hoy, por decirlo de alguna manera. Basta con entrar a internet para ver la cantidad de información que aparece sobre un tema, información muchas veces contradictoria. Al final todo es posible, pero ya no se sabe en qué creer.

¿Y cómo lo resolvemos? Finalmente hacemos lo que nos hace sentir bien. En este contexto, nos aferramos a quienes nos ofrecen una solución rápida, concisa y precisa a nuestro mal… Algo que podamos hacer nosotros mismos, aquí y ahora. Y leemos de "padres ricos y padres pobres", y ratones que "se roban quesos", y "secretos" que siempre han estado ahí, y sobre "pensamientos positivos" y "decretos" y "ángeles". Y algunos publican en internet imágenes y frases que los hacen ver como unos verdaderos iluminados, aunque en el fondo los que los conocemos sepamos que sus vidas están lejos de ser perfectas, pero todo mundo parece tener algo qué decir sobre el camino de la espiritualidad. Y todo vale, porque al final cada quien debe hacer lo que lo haga sentir bien, con bases científicas o sin ellas.

Porque muchos de esos autores de autoayuda pueden contar con bases filosóficas o científicas sólidas, pero la forma en que la información se presenta parece ser una receta de vida: todo se cambia con un decreto. Y poco abundan en el proceso para llegar a esa vida, y normalmente no se nos dice que probablemente el autor aún no ha superado del todo los problemas que nos cuenta, o que pasaron años para que llegara a las conclusiones que ahora nos comunica.

Un libro es la llave a un nuevo mundo, y muchas de nuestras respuestas son personales, pero sin el acompañamiento de un proceso terapéutico tradicional será complicado llegar a ese nuevo mundo. Un observador, un guía, profesional de preferencia, será fundamental para que no caigamos en mecanismos de evasión y negación.

¿Qué **conclusiones** sacamos de este apartado?

→ La moda ahora no es ser religioso sino ser espiritual.

→ Todas las religiones tiene un lado oculto, su esencia, su sentido: un lado que hay que descubrir y que va más allá de las reglas y mandamientos.

→ Las religiones cada cierto tiempo deben renovarse para que las generaciones venideras se identifiquen con la tradición y no vean las reglas como algo obsoleto.

→ Vivimos en tiempos de cambio en los que la gente busca sentido en otras tradiciones y prácticas para encontrarse a sí misma.

→ Los libros de autoayuda pueden servir para el cambio, pero es importante que vayan acompañados de un proceso terapéutico con un profesional de la psicología.

→ A estos tiempos de cambio no les es ajeno el lema "Haz lo que quieras".

2.2 El secreto de *El secreto*

En algún lugar del país, en una casa de fin de semana, dos amigas platican muy seriamente...

—No sabes, amiga, muero por que el vecino de al lado me venda ese terreno. Nunca vienen y tienen años a medio fincar.

—Ay, amiga, ¡pues decrétalo! Y va a ser tuyo, ya verás. Si es para ti, será para ti.

"¿Qué? ¿Así de fácil? ¿Lo 'decreta' y por arte de magia el terreno será de ella? ¿Qué están diciendo?", pensé un poco horrorizado. Pero mucha gente, en efecto, cree en el pensamiento mágico. Por ejemplo, veamos Facebook: ¿Cuántos estados no han visto de amigos que se la pasan "decretando" que "Ésta será una excelente semana"? ¿O memes que nos invitan a pensar positivamente?

En 2006 apareció un libro que supuestamente revelaba el secreto de la realización personal. La autora, Rhonda Byrne, en un acto de creatividad pura, burdamente lo tituló *El secreto*. El material está basado en el pensamiento de un abogado, comerciante y ocultista llamado William Walker Atkinson, que creó una escuela de pensamiento positivo con el argumento de que con éste podíamos realizar grandes cambios en nuestra vida y nos ayudaría a alcanzar nuestras metas. La verdad es que ni tan secreto, porque muchas escuelas espirituales ya tenían estos postulados, y mucho antes de que apareciera *El secreto* ya la gente andaba "decretando" y uniéndose a los optimistas.

Muchas de las críticas a *El secreto* señalan que sus principios no tienen ninguna validez científica y que en realidad engañan a la gente: pensar positivamente no hará que sus problemas desaparezcan. Y si bien en psicología y en las disciplinas humanistas la demostración científica es bastante complicada, se hacen esfuerzos por elaborar marcos teóricos que tengan cierta efectividad dentro de un consultorio o congruencia en encuestas, pruebas y experimentos psicológicos. *El secreto* está muy lejos de esa sofisticación.

Las afirmaciones de *El secreto* tienen sus bases en los principios de la magia, al menos en los tratados ocultistas del siglo XIX, que nos dicen que somos parte de la divinidad porque Dios nos creó a su imagen y semejanza... o sea, algo más sacamos de él: su capacidad de transformación y de creación, acciones que inician con el ejercicio del pensamiento *(decreto)* y la imaginación. Y es así como con nuestro pensamiento podemos influir en el mundo y obtener lo que queramos con tan sólo desearlo.

En la tradición ocultista, la explicación que acabo de dar no debía ser revelada a quienes no estuvieran listos para acoger esa verdad, pues no la entenderían, y con toda seguridad se burlarían de ella o se asustarían y la atacarían; de hecho, exponerla así al público podía ser peligroso, sobre todo en épocas de persecución religiosa. Además, como empoderaba al individuo, las estructuras de poder existentes podían sentirse amenazadas. Y tenía algo de karma revelar información a los no iniciados: hacerlo podía pagarse con la muerte.

Pero he aquí otro secreto: en los libros de magia se habla de iniciación, meditación, preparación y conciencia; es decir, el proceso para llegar a ese "decreto mágico" que transformará nuestra vida no ocurre de un día para otro sino que es parte de un proceso de búsqueda en el que se irán revelando los misterios que nos llevarán a la preparación necesaria para "decretar correctamente". Y es que normalmente habría que hurgar en el inconsciente y descubrir todos esos decretos de los que no nos damos cuenta. Son precisamente esos decretos inconscientes los que guían nuestra vida.

Los egipcios creían que teníamos siete almas, como explica William Burroughs en un texto extraído de su novela *Tierras del Occidente*. Este extracto fue retomado en 1989 por el grupo experimental Material para un álbum llamado *Seven Souls*. La voz del escritor leyendo el pasaje fue utilizada en la canción que da nombre al disco (por cierto, dicha canción sale en la introducción de un capítulo de *Los Soprano*):

Los antiguos egipcios postulaban siete almas.

La más alta, y la primera que se va en el momento de la muerte, es Ren, el Nombre Secreto. Ésta corresponde a mi Director. Dirige la película de tu vida desde la concepción hasta la muerte. El Nombre Secreto es el título de tu película. Cuando te mueres, es cuando aparece Ren.

El alma segunda, la segunda que abandona el barco que se hunde, es Sekem: Energía, Poder, Luz. El Director da las órdenes; Sekem aprieta los botones correspondientes.

La número tres es Khu, el Ángel Guardián. Él, ella o ello es el tercer hombre que se va... Se la representa cruzando en vuelo una luna llena alejándose, un pájaro de alas luminosas y cabeza de luz. El tipo de cosa que podrías ver en una cortina de un restaurante indio en Panamá. El Khu es responsable del sujeto y puede resultar herido defendiéndolo… pero no de un modo permanente, pues las tres primeras almas son eternas. Regresan al cielo por otro navío. Las cuatro almas restantes deben correr su albur con el individuo en la Tierra de los Muertos.

La número cuatro es Ba, el Corazón, que suele ser traidora. Ésta es un cuerpo de halcón que tiene tu cara, reducida al tamaño de un puño. Más de un héroe ha sido abatido, como Sansón, por un pérfido Ba.

La número cinco es Ka, el Doble, la más íntimamente asociada con el individuo. El Ka, que suele alcanzar la adolescencia en el periodo de la muerte corporal, es el único guía de confianza para atravesar la Tierra de los Muertos y llegar a las Tierras del Occidente.

La número seis es Khaibit, la Sombra, la Memoria, todo tu pasado, que condiciona esta vida y otras.

La número siete es Sekhu, los Restos.

Más allá de la estética y el discurso, el alma que nos importa es la primera, llamada Ren, el nombre secreto… Si nuestra vida fuera una película, el título es lo que la definiría: sería la guía, el decreto que nos rige.

Así, pues, más allá de cualquier magia, si uno piensa que la vida es injusta o que el amor no existe, esa suposición, ese "decreto", será nuestra guía; por lo tanto, cualquier cosa que hagamos irá encaminada a cumplir con el guion de nuestro filme. Por lo general esos decretos o ideas que nos guían provienen del inconsciente, lo cual nos deja en una situación en la que somos incapaces de tomar las riendas de nuestro destino. Sin embargo, a través de un proceso terapéutico podemos ir encontrando esos pensamientos negativos que yacen enterrados en la profundidad de nuestra mente, producto de heridas psicológicas de infancia.

Desde un punto de vista psicológico, enfrentar una situación con un pensamiento positivo guiaría nuestras acciones hacia el cumplimiento de ese pensamiento. Es a lo que se llama una profecía autocumplida; podemos explicarla con la historia de Edipo: al padre de Edipo, Layo, rey de Tebas, se le comunica que si tiene un hijo, éste lo asesinará cuando crezca. Una noche de borrachera, Layo hace el amor con Yocasta, su esposa, y engendran un hijo. Cuando el niño nace, y para evitar que al crecer lo mate a él, Layo le encomienda a alguien abandonarlo en algún camino, seguro de que nadie lo recogerá, pero se equivoca: un pastor lo recoge y se lo entrega al rey de Corinto, que lo cría sin decirle que es adoptivo. Cuando Edipo crece, va al oráculo y éste le informa que matará a su padre y se casará con su madre. Para huir de ese destino, Edipo se va de la ciudad donde creció y deja atrás a quienes cree que son sus padres biológicos. ¿Y qué pasa? Que en el camino se topa con un señor medio pesado con el que tiene un altercado y termina matándolo. Posteriormente se topa con un monstruo (la Esfinge) que tenía asolada la ciudad de Tebas y mataba a todo aquel que no pudiera responder sus acertijos. Edipo adivina las preguntas de la Esfinge y ésta se suicida. Es decir, nuestro héroe libera a la ciudad de Tebas del monstruo. Cuando llega a la ciudad, la esposa del rey Layo lo recibe gustosa y Edipo se casa con ella, por supuesto sin saber que es su verdadera madre.

Si Layo y Edipo hubieran leído *El secreto* y hubieran pensado positivamente, nada malo habría pasado. Pongamos esto mismo en palabras de uno de los psicólogos más influyentes de la historia, Paul Watzlawick, en su libro *La realidad inventada*:

> Una profecía que se autocumple es una suposición o predicción que, por la sola razón de haberse hecho, convierte en realidad el suceso supuesto, esperado o profetizado y de esta manera confirma su propia "exactitud". Por ejemplo, si alguien por alguna razón supone que se lo desprecia, se comportará precisamente por eso de un modo desconfiado, insoportable, hipersensible que suscitará en los demás el propio desdén del cual el sujeto estaba convencido y que queda así "probado" […]. Un hecho todavía no producido, futuro, determinó efectos en el presente, efectos que a su vez hicieron que cobrara realidad el hecho pronosticado. El futuro y no el pasado determinó pues el presente.

Pensemos lo siguiente, que pondré de manera simplista: si tenemos programada una entrevista de trabajo y uno de nuestros pensamientos nos dice que somos malísimos para las entrevistas porque siempre nos ponemos nerviosos, ¿qué creen que pasará en el momento de la entrevista? Nada bueno. No mataremos a nuestro padre ni nos casaremos con nuestra madre, pero sí estaremos sumamente nerviosos, predispuestos a que todo salga mal… Y entonces en efecto todo saldrá mal y es probable que no nos den el trabajo.

¿Un pensamiento positivo no nos haría relajarnos y nos permitiría fluir mejor? Sí, totalmente, pero para llegar a eso debemos encontrar la fuente de esos pensamientos negativos que nos ponen inseguros, y enfrentarlos, y trabajar en desactivarlos y transformarlos, y si de pasada nos preparamos para la entrevista, buscamos entrenamiento, practicamos nuestras respuestas... es casi seguro que todo saldrá bien. Por supuesto, no todo depende de nosotros, pero las probabilidades estarán a nuestro favor.

Así, pues, ¿el secreto funciona? Sí y no. Porque es producto de un mundo donde todo es inmediato, un mundo que busca el aquí y el ahora, que se interesa por los resultados más que por el proceso. En este contexto, el libro no es diferente de un merolico que vende un tónico milagroso.

José Antonio Marina lo dice muy bien: "Una indigesta mezcla de esoterismo, timos, técnicas de meditación, ejercicios físicos, drogas enteogénicas, caraduras conspicuos y dietas milagro proponen modos de realización del yo o nuevos modos de experiencia".

¿Qué **conclusiones** sacamos de este apartado?

→ El "secreto" responde a una necesidad espiritual y psicológica de nuestros tiempos.

→ El secreto del que habla el libro del mismo nombre se basa en la doctrina del pensamiento positivo.

→ El pensamiento positivo tiene hasta cierto punto un trasfondo de creencia en que la magia existe.

→ Un pensamiento positivo bien entendido ayuda a desenvolvernos mejor en el mundo y puede encaminarnos a cumplir metas.

→ Para que el pensamiento positivo ayude es necesario acompañarlo de un profundo proceso terapéutico y de búsqueda.

2.3 Brujería, tarot
y otros trabajos mágicos

Voy a revelar otro secreto. Un texto que se encuentra en la Biblia de la Iglesia ortodoxa etíope, llamado el *Libro de Enoc,* cuenta que hace muchos muchos años había un grupo de ángeles, conocidos como vigilantes, que tenían que velar por los seres humanos. Sin embargo, los vigilantes perdieron de vista lo esencial de su misión y no sólo se encariñaron de más con los humanos y tuvieron hijos con las mujeres (y engendraron así a una especie de gigantes), sino que les enseñaron artes prohibidas, como la brujería, la adivinación y la guerra.

Y que Dios se enoja, porque se sembró el caos en la Tierra y porque los gigantes comenzaron a acabarse los recursos y a devorar a la humanidad. Entonces mandó a sus arcángeles a castigar a los vigilantes impidiéndoles regresar al cielo. El caos era tal que Dios mandó un diluvio para limpiar el desastre provocado por sus ángeles.

Así, pues, la magia y la brujería no son cosa del diablo sino de los ángeles, pero la Biblia dice que no debemos echar mano de la brujería porque Dios se enoja. Sin embargo, en estos tiempos de cambio e incertidumbre religiosa, la mayoría de los creyentes se acercan a estas disciplinas.

Por supuesto, los charlatanes no se hacen esperar y juegan con la fe de la gente que llega a ellos en busca de algún tipo de respuesta. Antes de seguir, y para efectos prácticos, supongamos que este tipo de cosas son ciertas (suponer lo contrario es muy sencillo, porque son cuestión de fe).

Cuando la gente acude a una sesión espiritista, de brujería o tarot, suele salir desanimada porque le confirmaron algo funesto, esperanzada porque le dijeron cómo arreglar su problema (por supuesto, a cambio de algún extraño ritual en el que generalmente hay dinero de por medio), o bien contenta porque el brujo o tarotista le dijo cosas muy acertadas. Pero casi siempre la persona sigue siendo la misma una vez que sale de la sesión.

Y aquí va otro secreto: todas las prácticas esotéricas "serias" tienen como objetivo el proceso de transformación de la persona a través de un cambio de conciencia. Si la persona con la que van está más interesada en decirte lo que te va a pasar (en atinarle al futuro), en vez de hacer preguntas para que entiendas por qué estás viviendo lo que estás viviendo, no es una buena sesión. Y si alguien sólo va a que le digan qué le va a pasar para quitarle responsabilidad de las tragedias de su vida, entonces se merece creer que es presa del destino.

Los principios de las prácticas esotéricas tienen como fin la transformación personal a través del descubrimiento de las leyes superiores, las leyes del universo o de Dios, y como somos seres divinos hechos a la imagen y semejanza de Dios, si entendemos estas leyes podemos transformarnos de manera interna y así transformar el mundo. Lo que es arriba es igual abajo; lo que ocurre en el pensamiento se puede manifestar en el exterior. Eso es lo que dicen los libros de magia.

Las sesiones esotéricas están para decirle a la gente cómo puede alcanzar lo que se merece. ¿Y qué se merece? Cosas buenas. Y eso que uno se merece tiene que ver con el corazón, con lo que uno realmente quiere. Y para encontrar eso no basta una sesión, pero quien se dedica a esos asuntos debe poderlo guiar a través de lo que ve, con ayuda de una serie de preguntas. Y a partir de lo que ve (con su intuición), debe poderlo conducir a un escenario satisfactorio. La persona que dirige la sesión no debe emitir su opinión como un ser terrenal sino como un ser capaz de ascender a planos superiores, donde encontrará información privilegiada (por decirlo de alguna manera) que transmitirá al consultante para que éste tome sus propias decisiones, vayan o no de acuerdo con lo que él quiere.

Los rituales mágicos que el guía proponga funcionan como catalizadores de un cambio interno en el consultante, y de esta manera (como lo que hablamos del pensamiento positivo en el capítulo anterior) podrá realizar acciones enfocadas a la consecución de sus objetivos.

Los rituales de magia blanca están relacionados con pedir a planos superiores que se nos conceda lo que queremos, porque se parte del supuesto de que lo hacemos desde la bondad de nuestro corazón, de la luz. Al final, si el resultado no es el esperado, llegará otro resultado que será lo que realmente necesitamos.

Los rituales de magia negra van encaminados a atar la voluntad de la otra persona a nuestros deseos, que por lo general son egoístas, con lo cual se generará un karma. Si al final obtenemos el resultado deseado, no será exactamente como lo queremos y por lo general habrá desdicha.

Se recurre a los rituales desde hace miles de años, aunque poco a poco se han ido perdiendo por considerarse poco racionales, producto de la superstición. Sin embargo, en medio de todo esto, los rituales, así como todas las prácticas esotéricas, trabajan con símbolos del inconsciente. Desenterrarlos y destruirlos nos ayuda a avanzar.

Dice Joseph Campbell en *El héroe de las mil caras* que los ritos de iniciación de culturas primitivas "se distinguen por ser ejercicios de separación formales y usualmente severos, donde la mente corta en forma radical con las actitudes, ligas y normas de vida del estado que se ha dejado atrás".

Los rituales ayudan a cortar con creencias pasadas y así creernos lo que realmente deseamos. Cuando alguien se cree ese pensamiento positivo, es más fácil que fluya en una serie de acciones que puedan llevarlo a la consecución de sus planes. El ritual se puede realizar de la mano del brujo o en una circunstancia particular que no incluya elementos esotéricos. Los hechizos, amarres y trabajos de cualquier tipo son básicamente rituales, pero con un lado negativo, porque básicamente desean someter la voluntad del otro.

La verdad es que, en un sentido, todo el tiempo nos estamos haciendo amarres y trabajos los unos a los otros. Piensa lo siguiente: tienes con tu novio o novia el ritual de ver televisión juntos comiendo palomitas todos los fines de semana. En algún momento se voltean a ver y dicen que nunca van a dejarse y que esos momentos son los mejores de su vida. ¡Pum! Eso también funciona.

Piensa en lo que pasa si luego hay un rompimiento y se separan: ya no habrá palomitas ni noches de televisión juntos. Ha muerto algo de lo mejor que te ha pasado. Y cada vez que estés frente a la televisión recordarás a la otra persona y verás que nada es igual. Si en ese momento fueras con un brujo te diría que te han hecho un trabajito para que no puedas olvidar a la otra persona. Y no es que tu novio se haya ido con alguien, sino que juntos hicieron un ritual con el que "se amarraron". En eso no hay cierre, y en consecuencia los pensamientos constantemente regresan a los recuerdos de la relación pasada.

Otra situación: todos los días en la oficina te encuentras a esa persona envidiosa e intrigosa que te hace la vida imposible. La situación y las circunstancias en que se te acerca y te ataca (pasiva o activamente) se vuelve ritual.

¿Y qué vamos a hacer para romper ese amarre o trabajo? Un ritual para el que necesitarás ciertas cosas que te permitan romper con el poder que la otra persona ejerce sobre ti. Y es aquí donde el brujo o la bruja te querrá sacar un ojo de la cara o al menos obligarte a gastar dinero para poder deshacer lo que te hicieron.

Todas las disciplinas esotéricas, artes o terapias alternativas (ya sea que usen energía, menjurjes o brebajes) van encaminadas al cambio a través de la conciencia. Incluso si son terapias energéticas, deben nivelar al paciente para que, con la mente en paz, comience a descubrir en su interior qué es lo que le atribula y le hace daño, para de esa manera poder realizar acciones que le ayuden a estar mejor.

De las ayudas esotéricas que podemos hallar, el tarot es de las más prácticas y útiles, ya que la visualización de las cartas genera la sensación de que hay algo que es real, y no una persona del otro lado que habla con ángeles o espíritus o cura con energía.

Supongamos que el tarot no funciona como una bola de cristal, sino que, como dicen Alejandro Jodorowsky y Marianne Costa en el libro *La vía del tarot*, constituye un lenguaje en el que "en lugar de letras y palabras hay dibujos y colores. De la misma manera que se habla francés, español, inglés, japonés, etc., se puede hablar tarot".

Para estos autores, el mazo de cartas forma en su totalidad un mandala al estilo de Jung, es decir, es la representación de la psique, de tal manera que lo que ve el consultante en las tiradas es una representación de su propia psique.

Lo que el consultante encontrará en la tirada o debería encontrar de la mano del tarotista es información, conocimiento de sus acciones, tanto de las que hizo como de las que dejó de hacer, y a través de eso ver las posibilidades que se abren en su camino. Por eso mismo, un buen tarotista no debería responder en forma de augurio ni con absolutos ("No" o "Sí"), porque el consultante podría sugestionarse, cuando de lo que se trata es de que él mismo tome sus propias decisiones.

Una buena lectura de tarot es aquella en la que uno sale tranquilo y pensando en la información que se le ha dado, listo para enfrentar al mundo a partir del cambio.

En una mala lectura, el consultante encontrará predicciones fatídicas que no pueden cambiarse y se sentirá abrumado por el destino y por su falta de capacidad para tomar las riendas de su vida.

Pero bien usada, la herramienta puede funcionar para encontrar respuestas que están escondidas en nuestra psique y darnos claridad: ésta debería ser la misión de todo tarotista: ayudar a la persona a sanar a través de la conciencia.

Y valdría la pena preguntar: ¿qué en terapia no se hace lo mismo? Sí, para eso sirve, pero las cartas son una herramienta que no sustituye el proceso terapéutico sino que lo complementa.

Las cartas están marcadas numéricamente y de manera ascendente. Indican progresiones que ejemplifican el camino del desarrollo del ser humano. Al final, las cartas deben funcionar como una guía para el desarrollo espiritual del consultante por medio de las situaciones que está viviendo, y no tanto como un oráculo. Si partimos del supuesto de que son un juego, el futuro no puede predecirse. Incluso si pensamos que de verdad revelan mensajes de planos superiores, tampoco podemos pensar que nos revelan el futuro de manera absoluta, sino sólo una posibilidad sujeta a cambios que van más allá de nuestro control.

Para el mago del siglo XIX Eliphas Levi, la magia está entre la religión y la ciencia; la magia tiene algo de ciencia, de hecho, y al parecer muchos magos de la historia tenían conocimientos científicos. Y viceversa... como Isaac Newton, que buscaba la piedra filosofal.

Para James Frazer, el autor de *La rama dorada,* la magia es superchería, un pensamiento primitivo del ser humano que evolucionó hacia la ciencia. Yo no creo que los seres humanos de la antigüedad fueran estúpidos, no más que nosotros. Pero es difícil aseverar aquello que no podemos comprobar. Y bajo esta filosofía positivista, la magia fue perdiendo terreno hasta llegar a convertirse en una mera superstición.

En la tradición del esoterismo y la magia, la razón es la herramienta primordial: a través de ella accedemos a niveles de conciencia superiores y descubrimos aquello que está oculto. Sólo que antiguamente el término *razón* se relacionaba con todos los fenómenos que ocurren en nuestra cabeza, desde los sueños y la imaginación hasta aquello que llamamos pensamiento racional, e incluso ese estado de conciencia absoluto en el que nos despejamos de todo pensamiento y entendemos el mundo en su totalidad, alejado de todo adjetivo o valoración, en el que el mundo solamente es.

Todas las disciplinas esotéricas tienen su origen en las tradiciones filosóficas de la antigüedad, como observa Peter Kingsley en su libro *Filosofía antigua, misterios y magia*, y posteriormente se formaron religiones, que hoy en día están en crisis. Como dice Freud en su ensayo *El porvenir de una ilusión*: "Las verdades contenidas en las doctrinas religiosas aparecen tan deformadas y tan sistemáticamente disfrazadas que la inmensa mayoría de los hombres no pueden reconocerlas como tales".

La búsqueda en lo esotérico es parte del afán de encontrarle un nuevo sentido a nuestra propia vida y, así, un sentido al mundo.

¿Qué **conclusiones** sacamos de este apartado?

→ La magia y todas las prácticas esotéricas son métodos alternativos que buscan la transformación del ser humano para alcanzar su potencial.

→ En esencia, y en un plano ideal, los hechizos y brujerías son rituales que sirven para cortar con el pasado y abrirse al futuro.

→ El tarot puede funcionar, más que como método de adivinación, como un modo de acceder a los símbolos de nuestro inconsciente.

2.4 Espiritualidad y psicología

Cuando llegué a mi primera terapia formal cursaba el primer año de universidad. Me había tardado un poco, debido a mi personalidad obsesiva, que se movía por la premisa del "Yo puedo solo". Llegué con un fuerte ataque de ansiedad: tenía taquicardia, miedo generalizado, estrés, sensación de no poder estar en un solo lugar, y pensamientos que iban de un lugar a otro y provocaban el temor de que podía enloquecer en cualquier momento.

¿Por qué acudí en ese momento? Desde pequeño pasaba horas ensimismado en mi mundo interior, así que cuando tuve mis primeras clases de psicología en la prepa fue muy fácil para mí comenzar a autoanalizarme. Pero todo tiene un límite, y la ayuda de alguien más tarde o temprano es necesaria. Un buen día los ataques empezaron y mis propias herramientas dejaron de ser suficientes. Fui con el psicólogo de la escuela, quien me dio algunas pistas de por dónde iba mi problema, pero sólo fueron eso: indicios, señales.

Los ataques iban y venían, hasta que ese día en la Universidad tuve uno verdaderamente insoportable, nada como lo que había vivido antes. Y entonces dije "basta", salí de la Facultad de Psicología de la UNAM y me fui directo al Instituto de Psiquiatría buscando ayuda. Tuve que esperar una hora a que llegara la psiquiatra, que a los pocos segundos me recetó Tafil y un antidepresivo. Los ataques disminuyeron y por supuesto me fui descubriendo un poco más. Avanzaba, sí, pero no sentía un cambio sustancial.

Años después conocí a un terapeuta que utilizaba las técnicas de meditación alternativas de Brian Weiss; al principio las vi con un poco de escepticismo, pero gracias a ellas los ataques de ansiedad empezaron a desaparecer de mi vida.

Brian Weiss es un psiquiatra que poco a poco ha incorporado creencias espirituales y esotéricas a sus terapias: reencarnación, vidas pasadas, guías espirituales de otros planos y la existencia del alma más allá de la muerte. Aun si uno no está dispuesto a creer en esas bases, las técnicas de Weiss funcionan. En mi caso, después de haber pasado sin pena ni gloria por varios terapeutas, el enfoque de Weiss finalmente me dio buenos resultados.

Con los años de carrera y de terapia me di cuenta de que a la mayoría de los enfoques les hacía falta un elemento más, algo que diera sentido a la curación y al cambio que uno busca cuando pide ayuda.

Richard Tarnas, en su libro *Cosmos y psique,* comenta que, conforme la sociedad moderna fue configurándose, la idea de Dios fue perdiendo fuerza (o centralidad), y el ser humano fue ganando autonomía gracias al desarrollo de la ciencia y la tecnología. La idea del universo como un lugar que nos da sentido empezó a perderse; el ser humano se ha liberado de toda creencia que atara sus posibilidades, ya que todo está en función de nuestro yo: la realidad se construye a partir de nosotros.

Por un lado, esa postura resulta liberadora, pero por otro lado también nos convierte en seres carentes de sentido: somos como una isla más en medio de muchas otras en un mar prácticamente infinito. Y aun así, nos mantenemos comunicados con los demás, o con una versión virtual de ellos, a través de internet, con lo que a final de cuentas le hablamos o escribimos a la pantalla de un *smartphone* o una *tablet,* con nuestros audífonos puestos: o sea que no salimos de nuestra isla.

Cuando todo está en nuestra mente, cuando todos nuestros problemas son producto de procesos mentales, asociación de conceptos o instintos reprimidos que deben ser analizados, reducimos nuestra complejidad al intelecto y a todo aquello que no podemos comprobar científicamente. Nos dicen Marianne Costa y Alejandro Jodorowsky en su libro *Metagenealogía:*

> Las grandes teorías psicológicas del siglo xx emanan de geniales médicos psiquiatras como Freud, Groddeck o Reich. Pero en sus seguidores se desarrolló la creencia falsa, nociva de que para conocer el alma humana toda búsqueda debe inspirarse en procesos de investigación científica. [...] El ser humano consciente no puede ser analizado como un todo fijo, un cuerpo objeto sin realidad espiritual. El inconsciente, por esencia, se opone a toda lógica. Si es reducido a explicaciones científicas o a enseñanzas universitarias, se le convierte en cadáver. [...] Evolucionamos sobre un planeta que participa en una danza cósmica donde todo va surgiendo, desapareciendo, transformándose. ¿Cómo entonces definirse? Para encontrar la raíz de "uno mismo", un Yo permanente en la impermanencia, debemos situarlo más allá de la materia universal para identificarnos con su centro creador, sabiendo que hemos nacido para participar activamente en la evolución del cosmos.

La palabra *psicología* viene de *psique,* que en griego significa alma: de entrada un concepto escurridizo y difícil de atrapar por métodos científicos. Sin embargo, hoy en día el estudio de nuestra actividad mental se centra principalmente en los procesos lógicos que llamamos *razón.* C. G. Jung creía que el intelecto (la razón) era enemigo del alma porque quería captar la esencia del espíritu, lo cual es imposible, pues este último contiene no sólo al intelecto sino también al corazón. Y de pronto, los sueños, los deseos o la intuición son dejados de lado, o bien son vistos como algo que debe limpiarse o controlarse, dado que pertenecen a una dimensión que se aleja de la razón y no tienen el mismo peso.

Las líneas terapéuticas creadas por los grandes pensadores de la psiquiatría y la psicología, con lo valiosas que son, están sin embargo desprovistas de un elemento que ayude a la trascendencia y por eso resultan hasta cierto punto insuficientes. Necesitamos entender nuestro lugar en la creación del universo, ya sea desde un punto de vista religioso o incluso científico, pero para eso no se necesita creer en un ser superior, sino que basta con entenderse como parte de un todo. "Somos polvo de estrellas", dijo alguna vez Carl Sagan, así que de alguna manera seguiremos viviendo por siglos y siglos.

¿Qué **conclusiones** sacamos de este apartado?

→ La modernidad ha ido liberando al ser humano de las creencias religiosas.

→ Para el mundo moderno todo se genera desde el interior de nuestra mente. El centro del mundo es nuestro mundo interior.

→ El enfoque de una terapia hacia el ser humano no debería disociarse de una visión espiritual.

Para entender la **magia**

→ DESDE LA CIENCIA
Título: *La rama dorada: un estudio sobre magia y religión*
Autor: James George Frazer
¿De qué trata?
Es uno de los libros más completos que existen sobre el tema. Analiza y cataloga desde una perspectiva antropológica los diferentes tipos de magia que existen en la civilización. El autor parte del supuesto de que estas prácticas son meras supersticiones. El libro plantea que las prácticas mágicas primitivas poseen elementos en común y que se van desarrollando poco a poco hasta convertirse en religiones establecidas, como el cristianismo.

→ DESDE LA MAGIA
Título: *El libro de los magos*
Autores: Anton Adams, Mina Adams
¿De qué trata?
Este volumen es un compendio de datos, consejos y personalidades del mundo de la magia (magos de la antigüedad) para entender el tema de manera general. Los autores creen que la magia es real. Si bien describe algunos rituales mágicos, como la construcción de amuletos, el libro no pretende ser un manual de magia.

Mis **canciones de magia** favoritas

→ "Every Little Thing She Does is Magic" con Sting
→ "I Put a Spell on You" con Screamin' Jay Hawkins
→ "Back Magic Woman" con Carlos Santana
→ "Stairway to Heaven" con Led Zepellin
→ "A Kind of Magic" con Queen

El camino del **tarot**

De los métodos de adivinación que existen, el tarot es definitivamente el más popular. Muchos autores coinciden en que es efectivo para explorar el inconsciente y traer claridad a nuestras vidas, y así tomar mejor decisiones. El tarot es un juego, un sistema que tiene reglas y formas para acceder a él y poder leerlo o interpretar sus respuestas.

El psicoanalista Carl Gustav Jung creía que el tarot simbolizaba un viaje del individuo para su crecimiento. Por eso muchos se refieren a este sistema como un camino: cada carta simboliza un estado particular del ser humano, que se va desarrollando hasta alcanzar todo su potencial en una situación determinada.

Lo maravilloso de estas cartas es que permiten explorar diversos escenarios o posibilidades. A diferencia de lo que muchos creen, el tarot no está pensado para dar respuestas cerradas o determinantes, sino para develar información que hasta cierto punto está oculta y con su ayuda podemos hacer consciente.

Uno de los mejores libros para entender el tarot es sin duda *La vía del tarot*, de Alejandro Jodorowsky y Marianne Costa, que nos hablan de la historia y los conceptos generales del tarot, para después explicar el significado de las cartas, la relación entre ellas y, por último, sus posibilidades de interpretación.

Mis **magos** favoritos de la **literatura**

→ Gandalf, de *El señor de los anillos*, de J. R. R. Tolkien. Es uno de los magos más populares, no sólo de la literatura sino de la cultura pop, gracias a las películas *El señor de los anillos* y *El hobbit*, basadas en las novelas de Tolkien.

→ Ged, de la novela *Un mago de terramar*, de Ursula K. Le Guin. Aunque el personaje forma parte de toda una saga literaria, esta novela es mi favorita.

→ Merlín, de *La muerte del rey Arturo*, de Thomas Malory. La figura de Merlín se encuentra en varios textos, desde novelas hasta ensayos e investigaciones que exploran la posibilidad de un referente histórico. De todas las fuentes donde se lo menciona creo que este libro es un buen inicio para conocer al personaje.

CAPÍTULO 3

JUGUETES, GADGETS Y APOCALIPSIS ROBOT

3.1 Viejos y nuevos juguetes para adultos

"Cuidado, señor, no se vaya a caer", me dice un adolescente cuando me tambaleo en la patineta. Y entonces se apresura a sujetarme del brazo. Sí, ya no estoy tan joven, pero no me siento viejo; en realidad tampoco me siento señor, y seguramente no me siento como se sentía mi padre a mi edad.

Bienvenidos al *chavorruquismo:* ese estado en que los que nos acercamos a los cuarenta entramos a lo que parece ser una extensión de nuestra adolescencia o nuestros veintes: nos vestimos con jeans, playeras y tenis, y consumimos películas de superhéroes que antaño sólo estaban pensadas para un público adolescente e infantil.

Ver películas destinadas a adolescentes, leer cómics y jugar videojuegos se nos permite también a los que tenemos más de treinta. De hecho, ahora muchos productos de la industria del entretenimiento están dirigidos a adultos de treinta y cinco a cuarenta y cinco, aproximadamente, de modo que una caricatura de los ochenta, como *Voltron,* volvió a hacerse gracias a que los productores observaron que había un público adulto deseoso de revivir la serie. También pasan cosas como que los fans, ya treintones, de la serie animada *Dragon Ball* se reúnen para exigir que el actor de doblaje que por años ha hecho la voz de Goku, el personaje principal, participe también en la versión en español de una nueva cinta basada en el famoso manga.

Cuando era pequeño y daba la casualidad de que pasaban en la tele una caricatura que mi madre hubiera visto de niña, ella me comentaba que había crecido viéndola, pero nunca le noté ganas de volver a ver un capítulo viejo. En cambio, ahora la gente de mi edad se sienta con sus hijos a ver capítulos de caricaturas de cuando ellos eran niños. Yo confieso tener en DVD un par de las series animadas con que crecí, y la verdad es que sí he podido disfrutarlas de nuevo. Es más, me sé de memoria algunos diálogos de *Don Gato y su pandilla* o *Los Simpson* (aunque ésta me tocó ya en la adolescencia).

Algunos de los que tenemos el síndrome del chavorruco regresamos a la patineta —llama la atención que en ciudades como Nueva York se impartan clases de medio tubo para gente que ronda los cuarenta—, pero no es necesario, pues también tenemos nuestros propios juguetes, y no me refiero a las figuras de colección de *Star Wars* u otras, sino a los *gadgets* que rigen nuestra vida.

Todo parece indicar que el espíritu de Peter Pan nos

alcanzó, y algunos nos negamos a crecer o, al menos, deseamos conservar ese espacio de juego que teníamos cuando éramos jóvenes.

Francisco P. Cataluccio, en su libro *Inmadurez*, opina que es un asunto sumamente grave, pues a una sociedad así fácilmente la puede manipular un sistema tiránico: "En vez de individuos maduros, se presentan extraños monicacos: adultos monstruosos que nunca han crecido y que se toman la vida como un gran juego".

A nuestros abuelos no les tocó vivir la adolescencia. Ellos de un día para otro, quizá mediante algún rito de paso, dejaban de ser niños para convertirse en adultos que ya debían ponerse a trabajar para formar una familia. A principios del siglo xx, a los veinte años se era un hombre hecho y derecho. Para los treinta o cuarenta ya se estaba viejo. Según Cataluccio, no fue hasta 1946 cuando los adultos empezaron a infantilizarse. Años después llegaría el rock and roll, y los adolescentes se rebelarían en contra de los valores de sus padres. "Las cosas que hacen parecen horriblemente frías. Espero morirme antes de llegar a viejo", canta The Who en su canción "My Generation".

"Nos hallamos ante un mundo casi totalmente infantilizado, donde el juego electrónico sustituye al elemento de referencia y mediación con la realidad. La tecnología (principalmente la de tres dimensiones de la Nintendo) ha barrido las tradiciones inadecuadas y ha impuesto el modelo del jovencito consumidor", nos dice Cataluccio, y eso que su libro fue escrito en 2004. Esa tendencia sigue creciendo, a todas luces.

Sí, me niego a envejecer, pero no me niego a crecer

como ser humano, es decir, a entenderme mejor y a responsabilizarme de mi vida. Al menos en mi caso, el espíritu infantil se halla restringido a un espacio lúdico para las horas de ocio, como la experiencia de ver una película de superhéroes o estar frente a una consola de juegos o arriba de una patineta.

Observemos también que hoy en día forman parte del mundo adulto otras "cosas infantiles". Los *gadgets* son prácticamente juguetes para adultos, aparatitos funcionales que a la vez nos ofrecen una diversión inigualable, en forma ya sea de *smartphone,* de tableta, de bocinas para la computadora, iPods y demás reproductores de MP3, a lo que hay que agregar otras monerías creadas por el diseño industrial, por no hablar de las aplicaciones móviles o apps.

Los *gadgets* están con nosotros en todo momento, pues muchos resultan útiles para el trabajo, así que esto contradice un poco aquello de delimitar un espacio y un tiempo para dejarnos llevar por el espíritu infantil. Los *gadgets* se han vuelto parte indispensable de nuestra vida diaria.

La industria del entretenimiento y la tecnología explotan esta situación y dirigen sus esfuerzos a fomentar nuestro consumo. Por nuestra parte, como niños insaciables queremos más y más, y nuevos y mejores juguetes.

Las redes sociales se han vuelto un espacio donde ese espíritu infantil se desarrolla, a veces de forma pueril a través de las críticas irracionales, el escarnio y los memes, y otras veces con esa rebeldía bien encauzada que promete generar una sociedad más democrática.

Al parecer, jugamos todo el tiempo… Más bien, nuestra vida cotidiana se va volviendo más lúdica que la de nuestros antepasados. En este sentido, Aleister Crowley tenía razón: el mundo en que vivimos está regido por el espíritu infantil, pero, como en todo proceso, en algún punto debemos crecer y avanzar hacia otras etapas.

Dicen los historiadores que hace miles de años la guerra tenía reglas parecidas a las de un encuentro de futbol, al menos las milicias griegas de la antigüedad, del siglo v antes de Cristo. Cuando dos ciudades se enfrentaban, los combatientes se veían en un punto determinado, cerca de donde el encuentro militar tendría lugar; se ponían su uniforme de guerra y marchaban al campo de batalla, en donde el juego se regiría por una serie de reglas. Todo cambió cuando llegó el Imperio romano, pero eso ya es otra historia.

Josiah Ober, en su libro *The Laws of War,* explora dichas reglas para la guerra, que no estaban escritas en ningún lado pero se obedecían: reglas relacionadas con la manera en que dos ciudades debían declararse la guerra, conductas que se percibían como inapropiadas (por ejemplo, atacar un sitio sagrado o a personas que no eran militares, o bien no devolver los cuerpos de los muertos para que tuvieran un entierro hecho y derecho).

En este contexto, John Huizinga, en su libro *Homo ludens,* habla de la guerra como una expresión propia del alma lúdica del ser humano. Huizinga no justifica esta actividad, pero apunta a sus orígenes. Su libro estudia también otros aspectos de nuestra vida en los que el juego está presente.

Alessandro Baricco, en su libro *Homero, Ilíada,* tiene un ensayo que enmarca el contexto de la guerra de Troya para poder entender el sentir de aquellos combatientes. Y dice:

Se diría que todo, desde los hombres hasta la tierra, alcanza durante la experiencia de la guerra el momento de su más alta realización, estética y moral: casi la culminación gloriosa de una parábola que sólo en el momento de la atrocidad de la lucha mortal encuentra su propio cénit. En este homenaje a la belleza de la guerra, la *Ilíada* nos obliga a recordar algo molesto pero inexorablemente verdadero: durante milenios la guerra ha sido, para los hombres, la circunstancia en la que la intensidad —la belleza— de la vida se desencadenaba en toda su potencia y verdad. Era casi la única posibilidad para cambiar el propio destino, para encontrar la verdad de uno mismo, para elevarse a una alta concienciación ética.

Lejos estamos de creer que la guerra sea eso, aunque la actividad continúe hasta nuestro siglo en toda su creciente brutalidad. Nuestra posibilidad de trascendencia es mucho más.

¿A qué viene esto de la guerra? A que, si bien la infantilización que vivimos podría no ser lo mejor, tampoco es una situación que nos vaya a condenar a todos. Vivimos en una época favorable a la diversidad, en la que se aboga por la paz y los derechos de todos y cada uno de los seres humanos.

En todo caso, lo que los habitantes de este siglo estamos viviendo es sólo una forma distinta de sacar a relucir ese espíritu lúdico, medio irracional, que todos tenemos en cierto grado, aunque se manifiesta de manera primordial en los niños, para quienes todo es juego. Para Huizinga, el juego es una actividad sumamente importante, pues a través de él, el ser humano puede reconocer su espíritu. Y por lo visto necesitamos a toda costa reconocernos una y otra vez.

¿Qué **conclusiones** sacamos de este apartado?

→ Vivimos en un mundo infantilizado, como si el espíritu de Peter Pan nos hubiera poseído.

→ Los adultos estamos en una especie de renovado interés por revivir lo que sentíamos en nuestra infancia y adolescencia.

→ Los nuevos juguetes para adultos son los *gadgets* que vorazmente consumimos.

→ El espíritu del juego está presente en el ser humano desde el inicio de los tiempos.

→ El juego tiene por objeto reconocernos como seres humanos.

3.2 Esclavos y robots
que dominarán el mundo

Hay en mi teléfono cerca de sesenta aplicaciones, que van desde publicaciones periódicas hasta juegos y programas para editar video, foto o texto, para escuchar música, babosear en redes sociales o chatear. Desde mi teléfono puedo llamar a un taxi o comprar un boleto de avión, escoger mis asientos en el cine o reservar un hotel. En este aparato tengo una brújula, apps para predecir el futuro y hasta apps para encontrar pareja.

Desde el teléfono reviso mi *mail* y manejo algunas redes sociales, además de que cuando no estoy cerca de mi computadora puedo escribir algún artículo, que posteriormente mandaré a uno de los medios con que trabajo. Por supuesto, a través de Whatsapp atiendo pendientes y, sí, también me distraigo en alguno de los veinte grupos que me tienen agregado o platico con alguien que no tenga nada qué hacer, o a lo mejor sí pero igual está chateando.

Cuando leo artículos sobre las nuevas reglas de etiqueta con respecto al uso de *smartphones* me siento identificado con los que cometen las faltas. Probablemente tengo un problema y vivo esclavizado al celular, pero no soy el único. Si tú eres uno de esos déjame decirte que no estamos solos: allá afuera hay otros miles. Y si eres de los que se quejan de la gente como yo, es probable que de todas formas estés esclavizado, porque seguro oyes música o radio por internet o ves YouTube en tus tiempos libres. Tu trabajo depende, de una u otra forma, de la tecnología, porque ya de perdida usas el correo electrónico o Excel, mandas imprimir o checas tus horas de entrada y salida en un sistema de control ligado a una computadora. ¿Verdad que sí?

Nadie se escapa de la tecnología. Es más, todo el que trabaje en una oficina (así sea un *home office*) sufre cuando se va internet, o si lo que se va es la luz, de plano ya no tiene mucho qué hacer, porque no sólo no hay internet sino tampoco computadoras.

Por lo que alcanza a verse, las cosas se irán poniendo peor. Google y Tesla ya fabricaron un coche que se maneja solo, con ayuda de la inteligencia artificial, y se rumora que Apple también anda en ésas. No será extraño que en algunos años nos subamos a nuestro automóvil y, tras introducir la dirección de nuestro destino en el Google Maps del vehículo, nos echemos para atrás en el asiento a relajarnos, pues el coche hará todo el trabajo. Es sólo cuestión de tiempo.

Pero eso ya empieza a generar algunas preocupaciones debido a los vacíos legales; por ejemplo, en caso de accidente, ¿quién tiene la culpa: el dueño del vehículo o la empresa que programó la inteligencia artificial? El primer accidente mortal con un coche de esta naturaleza tuvo lugar el 7 de mayo de 2016: un entusiasta de la tecnología llamado Joshua Brown iba en su Tesla modelo S y decidió dejarle la responsabilidad a su vehículo, así que lo programó para que fuera en modo manos libres a gran velocidad y se puso a ver una película de *Harry Potter*. El resultado fue que el carro terminó impactándose contra un tráiler porque no pudo frenar a tiempo. A Joshua, que subía a YouTube videos de él en su automóvil mientras éste se conducía solo, apenas un mes antes el piloto automático de su Tesla lo había salvado de chocar con un camión que se le metió. Sólo que en esta ocasión no tuvo tanta suerte. Hasta ahora, mientras escribo esto, en los medios no se ha hablado de si se hará responsables a las compañías fabricantes. Cabe aquí otra observación: esa nueva tecnología no es infalible, es cierto, pero en un coche autónomo las probabilidades de tener un accidente son significativamente menores que en un coche con un ser humano al volante.

Y tampoco nos extrañe que próximamente los vuelos comerciales estén pilotados por algún ente con inteligencia artificial.

Claro, y todas estas máquinas estarán conectadas a internet. No quisiera asustarte pero todo lo que esté conectado a internet es susceptible de ser hackeado. Pero esto podría ser es un problema menor con lo que se avecina, porque el desarrollo de la inteligencia artificial es tal que la incorporación de los robots a diversas industrias no es cosa del futuro: en el presente ya hay robots que ayudan en hospitales o fábricas, *fembots* (o robots de apariencia femenina) que funcionan como damas de compañía... En el ámbito militar ya se usan drones para diversas tareas y se planea la siguiente generación de aviones, que llevarán un robot de copiloto. Es decir, los robots ya están desplazando a los humanos en algunas tareas y empleos, con lo cual se avecinan importantes cambios en el sistema económico.

Sí, los robots son ya una realidad. Y es inevitable que nos vengan a la mente películas como *Terminator,* en la que un ente con inteligencia artificial un buen día decidió que los humanos debían ser erradicados y conectado a internet consiguió controlar los sistemas de defensa mundiales y se puso a crear robots que asesinaran seres humanos.

Otro caso cinematográfico sobre inteligencia artificial que pone en peligro a un humano lo vemos en *2001: Una odisea del espacio,* donde la computadora llamada Hall, que controla la nave de una misión espacial, empieza a enloquecer y a matar a los tripulantes.

El ingeniero y empresario Elon Musk (cofundador de PayPal y miembro del consejo directivo de diversas compañías, entre ellas una que trabaja con inteligencia artificial y otras relacionadas con el transporte terrestre, aéreo y espacial) es una de las personas más preocupadas con el desarrollo de inteligencia artificial. Una de sus preocupaciones generales es que la inteligencia artificial pueda apoderarse del mundo. Musk no sólo piensa en robots mortíferos que acaben con los seres humanos, sino también en la descompensación que tendrá lugar cuando existan robots que puedan hacer el trabajo que ahora hacen las personas. Él cree que debemos estar preparados para escenarios de desplazamiento laboral por los robots, y que cuando eso pase tendremos que pensar en qué principios éticos aplicar.

Sea como sea, aun si quitamos a los robots de la ecuación fatalista, insisto en que cada vez somos más dependientes de la tecnología, ya sea a través de apps, servicios de *streaming,* internet o dispositivos electrónicos.

No veo esta situación con ojos apocalípticos pero creo que somos seres de extremos. Tenemos la tecnología que va de acuerdo con la época: una que nos mantiene conectados a una red, que a su vez nos conecta con otros seres humanos y otros objetos. La tecnología nos brinda la sensación de trascendencia de nosotros mismos: podemos comunicarnos con otros seres humanos, a un clic o una llamada de celular de distancia, con un *like* o una foto de Instagram. Los otros son una extensión de nuestro yo; con la tecnología podemos estar en cualquier parte del mundo.

A pesar de todas estas conexiones, nos seguimos sintiendo con los mismos problemas existenciales que nuestros antepasados hace miles de años. La literatura, con las pasiones y tragedias humana que retrata, es reflejo de esto.

Y es que la tecnología no nos hace mejores sino simplemente diferentes.

¿Qué **conclusiones** sacamos de este apartado?

→ No es difícil volvernos completamente dependientes de las apps de nuestro celular.

→ En un futuro no muy lejano todos nuestros aparatos, electrodomésticos y electrónicos, estarán conectados a internet.

→ Todo lo que está en internet puede hackearse.

→ El desarrollo de la inteligencia artificial corre a pasos agigantados.

→ Poco a poco iremos viendo más y más robots en nuestro entorno.

→ El desarrollo de la inteligencia artificial conlleva problemas éticos que debemos afrontar.

3.3 La culpa la tiene internet

"Seguro tengo cáncer", me dijo una amiga hace tiempo. Le pregunté si estaba segura y respondió que sí, que lo había visto en internet; que tenía una protuberancia en el seno e investigando en varias páginas web concluyó que podía ser un cáncer horrible. Bastante angustiada hizo una cita con el doctor, y así supo que su "cáncer horrible" no era más que una infección. El médico le comentó que gracias a internet y a que la gente suele autodiagnosticarse, ahora tenía más pacientes.

Todos creemos saber de todo gracias a internet, y a lo mejor sabemos de todo pero al mismo tiempo no sabemos casi nada, porque todo es por encimita. Me pregunto si los académicos e ingenieros que crearon internet, allá por los años sesenta, alcanzaron a imaginar a qué grado su invento revolucionaría el mundo. Como hemos observado en capítulos anteriores, esta red mundial, si bien contribuye a esparcir el conocimiento, también ha cambiado la forma en que nos relacionamos con él.

Gracias a Google y a Wikipedia, rápidos y gratuitos, tenemos mucha información a la mano. Gracias a la red podemos corregir a cualquier especialista que cometa una imprecisión o darle algún dato que a él se le haya pasado. Podemos estar escuchando un programa de radio, viendo un noticiero o leyendo un artículo, y en cualquier momento nos metemos al buscador de Google para corroborar lo que los medios nos dicen o adelantarnos a ellos. Y sí, en ocasiones encontramos cosas que ellos no sabían o no tenían a la mano. No importa si son ciertas o si vienen al caso, el asunto es que nosotros también sabemos y podemos escribir un tuit incendiario y hacernos oír por nuestro "comunicador favorito".

Antes se necesitaba acudir al diccionario o a la enciclopedia para averiguar lo que deseábamos saber, o como último recurso preguntábamos a alguien que supiera del tema. Internet ha democratizado un nivel de información básico, pero al mismo tiempo está plagado de lugares comunes e información falsa y mal estructurada, que muchas veces no ayuda a que la población salga de un analfabetismo funcional.

Alessandro Baricco, en su libro *Los bárbaros,* sostiene que la información que se encuentra en internet y la forma en que interactuamos con ella a través de Google es parte de un nuevo paradigma cultural: es como si un grupo de bárbaros llegaran a romper con el orden establecido, como ocurrió con el Imperio romano. "Lo que está en la red, por muy grande que sea la red, no es el saber. O por lo menos, no todo el saber". Algo similar debió haber pasado cuando la imprenta llegó a nuestro mundo, prosigue Baricco: mucho del conocimiento no pudo ser vertido en los libros porque no entraba en el nuevo formato; la oralidad y el lenguaje referencial quedaron confinados a la abstracción. Sócrates (según Platón) decía que el lenguaje escrito era malo para la memoria, y eso fue siglos antes de la aparición de la imprenta, en una época en que los escritos estaban lejos de ser populares. Para el filósofo griego, no sólo era malo para la memoria, sino que plasmar ideas por escrito era apenas un reflejo del discurso del ser humano; los escritos carecían de alma, no podían crecer y desarrollarse como las disertaciones (paradójicamente, el pensamiento de Sócrates y los diálogos que mantenía con sus discípulos nos han llegado gracias a Platón, que los reprodujo por escrito).

En internet encontramos información rápida y concisa sobre prácticamente cualquier tema; posee muchas deficiencias y no va a profundidad, pero nos permite saber al menos lo indispensable. No es como la búsqueda exhaustiva que podemos hacer adentrándonos en los libros y leyendo varias páginas hasta hallar específicamente lo que necesitamos. De hecho, esa costumbre se ha estado perdiendo; casi que si no está en la red, no existe.

Esto también se aplica a nuestra actividad en redes sociales: si no nos tomamos una *selfie* en una actividad determinada, es como si eso no existiera, como si nunca hubiera pasado. Y así nuestros sentimientos, padecimientos amorosos y fotos de nuestra comida... Tenemos un fuerte impulso de documentar todo cuanto hacemos y de gritarlo al mundo.

Recuerdo cómo era el mundo antes de internet, tanto en los trabajos de investigación como en lo social, y tenía algo que ya hemos perdido, pero definitivamente no deseo regresar a ese mundo. La sensación de estar conectado con otros y acceder a información de manera casi instantánea no la cambiaría por nada... Sí, es muy sano desconectarse de vez en cuando y vivir las posibilidades que da el mundo real en contraposición con el virtual, pero... sólo de vez en cuando.

Internet ha dado la posibilidad de que cada persona genere sus propios contenidos, es decir, puede autopublicarse en un blog, o cualquiera puede convertirse en fotógrafo con ayuda de la cámara de su celular, o bien convertirse en un locutor que sube sus *podcasts* o toma por asalto el mundo audiovisual gracias a YouTube. Todo esto era impensable hace apenas treinta años si uno no pertenecía a un medio de comunicación formal. Ahora las plataformas de publicación permiten que cualquiera hable sobre lo que le dé la gana, y no importa si está preparado o no: basta con subirlo a la red y esperar a que el público empiece a caer por ahí y el *post* se haga viral. Claro, esto se dice fácil, y no todos corren con esa suerte, pero de que se da, se da.

En fin, no hace falta dar ejemplos de nuestra vida cotidiana y laboral girando en torno a la red: todos conocemos alguno. Con todo, quisiera detenerme en cómo nuestra forma de ver el mundo cambió con la forma en que nos apropiamos de la música.

¿Qué **conclusiones** sacamos de este apartado?

→ Al parecer todo está en internet, al grado de que si no está ahí es como si no existiera.

→ Internet ha democratizado el acceso a la información.

→ Internet también ha democratizado la creación de contenidos.

→ La facilidad y rapidez con que encontramos información no impide que ésta contenga inexactitudes y otros defectos.

→ La aparición de la red pude compararse, por sus efectos, a la aparición de la imprenta.

→ Hemos adquirido una enorme dependencia de la red informática mundial, y sin ella nuestro mundo prácticamente se paralizaría.

3.4 Música, internet y MP3

Hace más de veinte años hubiera sido impensable conseguir música como lo hacemos ahora. Está en todas partes: basta con picar un botón de nuestro celular o computadora y, ¡listo!, obtenemos al instante lo que queremos, ya sea en servicio de paga, *streaming* o a través de un P2P (*peer-to-peer*, red entre iguales).

Todo empezó con el CD y más adelante el MP3: un formato de compresión de datos de audio de tamaño ideal para compartirse a través de la red. Claro, si nos vamos más atrás en la historia, descubrimos que en realidad todo esto empezó con el invento del fonógrafo o algún otro intento por capturar la música para poderla reproducir después a placer.

Pero el caso es que en un abrir y cerrar de ojos todos estábamos sacando canciones de nuestros CD para guardarlas en la computadora y después convertirlas del formato PCM o WAV —mucho más pesados— a un MP3 que podía adjuntarse a un correo electrónico.

Esta situación sería inexplicable fuera de este mundo globalizado, que trajo consigo el rompimiento de las fronteras internacionales para facilitar el libre mercado en todos los sentidos. Internet se desarrolló de manera simultánea al libre mercado, pero a principios de los noventa ya estaba listo para el público en general y no sólo para los académicos. Entonces las barreras culturales se volvieron prácticamente imperceptibles y la música empezó a viajar de un lado a otro. Los Walkman y los Discman nos dieron en su momento una gran libertad: la de llevar la música con nosotros. Aun así, la portabilidad de las canciones en formato digital y la gran capacidad de almacenamiento de los dispositivos modernos los dejaron muy atrás.

"Donde ha habido hasta ahora el espacio para obrar prioritariamente presencial y proximal se ha introducido el novedoso escenario de una actuación distal y no presencial. Donde ha podido existir la emoción del encuentro interpersonal cara a cara se impone la abstracta ventaja de una relación multipersonal pero centrada casi exclusivamente en lo cognitivo", dice Norbert Bilbeny en su libro *La revolución en la ética.*

Gracias al MP3, la música podía viajar de manera casi instantánea; nuestro poder de manipulación y compilación de listas musicales creció exponencialmente. Los archivos musicales se podían manipular de múltiples maneras. La posibilidad de fragmentación de una obra musical y de nuestro concepto del mundo (o sea, la cultura) avanzó a la par de la tecnología y se vio reflejada a la perfección en la forma en que consumimos la música. "Empiezo con lo que me parece el hecho más asombroso del posmodernismo: su total aceptación de lo efímero, de la fragmentación, de la discontinuidad y lo caótico", dice Bilbeny.

Los discos dejaron de escucharse completos. Todavía salen a la venta, pero para la gente lo que más importa son las canciones sueltas (sencillos) del artista. El álbum, antes una obra completa concebida como un todo, se ha fragmentado, ha dejado de ser relevante. Más todavía con Spotify y otros servicios de *streaming,* con los que podemos oír las canciones que deseemos sin necesidad siquiera de descargar el archivo.

Sébastien Charles, en una introducción al pensamiento de Gilles Lipovetsky sobre estos tiempos que vivimos, calificados de "hipermodernos" por el sociólogo y filósofo francés, explica que la hipermodernidad es "una sociedad liberal, caracterizada por el movimiento, la fluidez, la flexibilidad, más desligada que nunca de los grandes principios estructuradores de la modernidad, que han tenido que adaptarse al ritmo hipermoderno para no desaparecer. E hipernarcisismo, época de un Narciso que se tiene por maduro, responsable, organizado y eficaz, adaptable, y que rompe así con el Narciso de los años posmodernos, amante del placer y de las libertades".

No sé si los narcisos de ahora sean más responsables (ya hablamos de los chavorrucos que no quieren madurar, llamados ahora también *treinteenagers*), pero lo cierto es que nuestro uso de las redes sociales sí manifiesta una fuerte carga de narcisismo, y en esto la música es pieza clave: ya sea en videos de YouTube o listas de Spotify, el caso es que siempre estamos compartiendo música; de hecho forma parte de nuestra personalidad, y no sólo la real sino también la cibernética.

Antes hacíamos nuestras selecciones de canciones favoritas en *cassettes* y las regalábamos como muestra de afecto; era un proceso casi artesanal, porque debíamos grabarlas de un LP, de otro *cassette* o del radio, y luego poner el título con letra bonita y darle un nombre a nuestra mezcla.

En los principios de la era digital sustituimos los *cassettes* por CD, pero eso duró relativamente poco; ahora lo hacemos todo al instante y basta con mover un dedo: un clic del *mouse*, y listo, queda mostrado en nuestro perfil lo que queremos que oigan nuestros amigos. Es cierto que el LP, el viejo acetato, está regresando en una ola retro, pero eso es otra historia que no trataremos aquí, y más bien tiene que ver con un amor por lo antiguo, lo viejito, y la añoranza de aquello que creemos un mundo mejor y que ahora revalorizamos, quizá más por moda, o bien por un simple amor a los objetos y su posesión.

El surgimiento del MP3 y su posibilidad de viajar por todos lados rompió los esquemas y nos hizo olvidarnos de los derechos de autor, pequeño detalle: con la música disponible en todos lados y el espíritu de compartirlo todo gracias a la red, nos da la sensación de que podemos subir cuanto queramos sin pedirle permiso a nadie. Eso incluye a la música, desde luego, y entonces la ponemos en nuestros videos caseros, la mostramos en nuestros perfiles o en nuestro canal de YouTube.

Hace muchas décadas, antes de que existieran los aparatos para grabar y reproducir música, ésta era una experiencia casi ritual: sólo podía accederse a ella a través de una presentación en la plaza pública, o en casa si se contaba con un piano o había en la familia gente que tocara un instrumento o cantara, pero la música no podía "estar con nosotros" como lo está ahora.

Internet nos dio la posibilidad de que cada quien arme un *soundtrack* de su vida cotidiana como si fuera protagonista de una película.

¿Qué **conclusiones** sacamos de este apartado?

→ La aparición de internet dio pie para transformar la forma en que nos relacionamos con la música.

→ La creación del MP3 fue pieza clave para dicho cambio.

→ La nueva tecnología permitió que la música estuviera en todos lados, como si fuera algo a nuestro servicio y de lo que nos podemos apropiar.

→ La música forma parte importante de nuestra personalidad en el mundo real y en el mundo virtual.

→ La posibilidad de extraer canciones de los CD, los archivos MP3 e internet dieron pie para que los discos como concepto, como una obra total, fueran perdiendo importancia.

→ Hasta hace poco más de veinte años era impensable que la música pudiera estar casi en todas partes. Las posibilidades de los Walkman y los Discman ya quedaron superadísimas.

El lado oscuro de las **redes sociales**

Si bien las redes sociales se piensan como una pieza fundamental de nuestra sociedad democrática, tienen un lado sumamente cruel que hace pensar que no somos tan civilizados como a veces queremos pensar. Ese lado macabro es abordado en el libro *Humillación en las redes,* de Jon Ronson. El autor compara los linchamientos públicos de siglos pasados con los "linchamientos" digitales. Cuando una persona ha cometido un error, o se cree que ha cometido un error, las redes sociales se vuelcan contra ella con tal salvajismo que le provocan daños muy serios. ¿Herramienta para ejercer nuestra democracia o sólo un pretexto para perpetuar viejas costumbres que nos acercan a la barbarie? Quizá un poco de ambas: las redes sociales tienen lo mejor y lo peor de nuestra civilización, pero depende de nosotros encontrar un equilibrio. Eso no está nada fácil, pues el riesgo de legislar al respecto es la aparición de la censura, aunque por otro lado las redes tampoco deberían funcionar como el salvaje oeste.

Mis películas de **ciencia ficción** favoritas

→ *Blade Runner* (EEUU, 1982), de Ridley Scott, con Harrison Ford, Daryl Hannah y Rutger Hauer.

→ *Nirvana* (Italia-Francia, 1997), de Gabriele Salvatores, con Christopher Lambert, Stefania Rocca y Emmanuelle Seigner.

→ *Días extraños* (*Strange days,* EEUU), de Kathryn Bigelow, con Ralph Fiennes, Juliette Lewis, Angela Bassett.

→ *2001: Odisea del espacio* (2001: A Space Odyssey, Reino Unido-EEUU, 1968), de Stanley Kubrick, con Keir Dullea, Gary Lockwood, Margaret Tyzack y Robert Beatty.

→ *Metrópolis* (*Metropolis*, Alemania, 1927), de Fritz Lang, con Brigitte Helm, Alfred Abel y Gustav Fröhlich.

→ *Ex Machina* (Reino Unido, 2015), de Alex Garland, con Alicia Vikander, Domhnall Gleeson y Oscar Isaac.

→ *Brazil* (Reino Unido, 1985), de Terry Gilliam, con Jonathan Pryce, Kim Greist, Robert De Niro y Katherine Helmond.

→ *Doce monos* (*Twelve Monkeys*, EEUU, 1995), de Terry Gilliam, con Bruce Willis, Madeleine Stowe y Brad Pitt.

→ *Viaje a la luna* (*Le Voyage dans la Lune*, Francia, 1902), de Georges Méliès, con Georges Méliès, François Lallement y Jules-Eugène Legris.

→ *Ciudad en tinieblas* (*Dark City*, EEUU, 1998), de Alex Proyas, con Rufus Sewell, Kiefer Sutherland, Jennifer Connelly y William Hurt.

Apuntes sobre
Star Trek

En el mundo de la ciencia ficción, *Star Trek* es un universo peculiar. Creada por Gene Roddenberry en 1966, es una serie que se muestra optimista en cuanto al uso de la tecnología: no sólo cree que trae beneficios, sino que plantea un mundo diverso donde especies de varios planetas conviven entre sí. El universo *Star Trek* no está exento de problemas, pero en esta ficción se parte de la idea de que el ser humano (o una especie con inteligencia semejante) tiene la capacidad de dirimir conflictos y encontrar armonía.

Los que crecimos con los
videojuegos en los ochenta

Descubro que estoy en la edad promedio de los video-jugadores (treinta y ocho años, según un reporte de la Entertainment Software Association de 2016). Cuando cumplí los veinte no se suponía que esto debía pasar, es decir, según esto los videojuegos eran para adolescentes o, peor aún, para los vagos adoles-centes que iban a las farmacias a jugar maquinitas y a gastar su dinero.

Y ahora resulta que a los adultos contemporáneos nos gusta este hobby. Pero no es de extrañar, si ya habíamos platicado de la infantilización de los adul-tos y del uso de la patineta. Y no sólo eso: muchos fans de los videojuegos y académicos les tienen fe al lenguaje y a la dinámica de juego y lógica de este entretenimiento. Hasta creen que pueden cambiar al mundo.

Por ejemplo, en una conferencia (que se encuen-tra en ted.com) el académico Gonzalo Frasca sostiene que los videojuegos enseñan mejor que la escuela (de hecho ése es el título de la conferencia). Frasca sos-tiene que el método de enseñanza actual está dise-ñado para un mundo en donde no se tenía acceso al objeto de estudio; por eso los libros de texto y las cla-ses son comparables a tener el instructivo para armar

un mueble sin que tengamos las piezas del mueble frente a nosotros. Así, pues, la "magia" de los videojuegos nos permite, por medio de una simulación, interactuar y conocer al objeto de estudio. Pensemos en un videojuego en el que podamos diseccionar una rana, visitar el reino monera o viajar a través del cuerpo humano como si estuviéramos dentro de una nave que viaja por el torrente sanguíneo. Hay múltiples y enormes posibilidades.

Por su parte, la diseñadora de videojuegos Jan McGonigal piensa que las dinámicas que se establecen en los juegos *online* pueden ayudar a realizar cambios sustanciales en el mundo, pues los videojugadores están acostumbrados a trabajar en grupo para solucionar problemas.

Crecer en el mundo de los videojuegos y continuar con esta actividad pasando los treinta y llegando a los cuarenta nos separa definitivamente de las generaciones que están arriba de nosotros y nos acerca a las que vienen detrás, claro, no tanto para decir que los entendemos por completo, pero tenemos más elementos que los que tenían nuestros padres. Al menos el mío, a sus casi treinta años, no entendía cómo jugar "Mario Bros" en la primera versión de Nintendo ni sabía grabar con una videocasetera.

CAPÍTULO 4

CIENCIA LIGERA PARA UNA BUENA CONVERSACIÓN

4.1 La felicidad, la ciencia y nuestros pensamientos

Mucho de lo bueno que tiene nuestro mundo moderno se lo debemos al pensamiento científico, y hablo de todas las áreas de nuestra vida: salud, entretenimiento, industria, cultura, etc., etc. Por supuesto, aún hay mucho por hacer, y hay guerras y enfermedades nuevas, y los modelos culturales siguen cambiando, y nos ponen en crisis, y sufrimos y lloramos, etc., etc. Pero el pensamiento científico nos ha ayudado a avanzar. Es de mucha utilidad porque, como dice Pere Estupinyà en su libro *Comer cerezas con los ojos cerrados,* nos ayuda a afinar nuestro concepto de realidad porque va más allá de lo que nuestros ojos alcanzan a ver. Estoy completamente de acuerdo. Y dice:

Yo concibo la ciencia como nuestro verdadero sexto sentido, un sentido creado por la cultura que permite al cerebro interpretar información externa llegada a través de experimentos. A la imaginación, sin embargo, costaría catalogarla de sentido, pues al igual que la intuición, nace dentro del cerebro y se proyecta fuera. La ciencia, en cambio, sí es una especie de órgano sensorial externo y colectivo que permite ampliar nuestra visión de la realidad, superar nuestras limitaciones de espacio y de tiempo y descubrir mundos que nunca percibiríamos con el resto de nuestros limitados sentidos.

Desde pequeño me ha maravillado la ciencia y lo que nos revela sobre el funcionamiento del mundo, tanto en química como en biología y física, pero lo que más me llama la atención son los descubrimientos relacionados con el universo y con la teoría cuántica, porque detrás de ellos existe un halo de misterio parecido a lo que los místicos encuentran en las sagradas escrituras. Para muchos científicos esto podría resultar un sacrilegio, por la importancia de la demostración en la ciencia y la imposibilidad de demostrar postulados religiosos.

Para muchos científicos, todo concepto que no se puede comprobar por métodos empíricos no tiene validez, aunque luego digan que el pensamiento intuitivo es importante, al igual que nuestros sueños y el arte que llena nuestra vida y le da sentido. En el fondo, están convencidos de que toda la verdad está en la ciencia. El mismo Estupinyà, comunicador de la ciencia, así lo piensa, pero el más famoso científico de esta ala dura es Richard Dawkins, que dice: "La ciencia es la poesía de la realidad". Visto así suena maravilloso, pero Dawkins, peleado con ese pensamiento religioso que enseña a evadirnos y a imponer verdades que no se pueden comprobar y que a veces devienen en grandes errores, horrores y sufrimiento, hace de lado ese mundo místico, espiritual y esotérico, claro, hasta que no pueda comprobarse. Y es entendible, pues los prejuicios pueden ser peligrosos, y es cierto que algunas corrientes de pensamiento religioso no ayudan en la búsqueda del conocimiento.

Pero la ciencia no es infalible, y llega a pasar que algunos marcos teóricos tienen adeptos que se niegan a revisarlos, corregirlos, cambiar hipótesis, etc. Alguien podrá replicar que en tal caso no se trata de auténtico pensamiento científico, o que eso no es verdaderamente ciencia, pues la ciencia siempre está dispuesta a corregirse a sí misma. Pues sí, y también pasa que surgen nuevos aspectos que antes no se habían contemplado pero ponen de cabeza algunos postulados. Lo que no puede negarse es que somos humanos y cometemos errores e incurrimos en omisiones, seamos científicos o no. La vida es un gran misterio. Esto, claro, tiene su lado terrorífico y nos confronta con la incertidumbre y muchos males, pero gracias a esa misma incertidumbre la vida sigue deparándonos sorpresas y muchas alegrías.

Regreso al tema anterior, a saber, mi interés en la física cuántica y su relación con el universo, y sus aspectos aparentemente metafísicos que suenan a ciencia ficción... o a discurso de adivina de boutique esotérica.

La física cuántica nos presenta un aspecto de la ciencia que parece mágico... Nos habla de universos paralelos y viajes a través del tiempo y espacio por los agujeros negros; nos habla de que, si centramos nuestra mente en un aspecto deseado, quizá podamos incidir en la realidad de tal manera que lo que pensamos se materialice, tal como en el mundo de las partículas subatómicas el observador puede afectar los resultados de la medición cuando quiere determinar ciertas cualidades de una partícula y así predecir su posición y velocidad (principio de incertidumbre de Heisenberg).

Regresemos un poco a nuestras clases de física: antes de que pudiera explorarse el mundo de los átomos, en física clásica se creía que al conocer ciertas cualidades de los objetos, como su peso, masa y velocidad, éstas podrían ponerse en ecuaciones para así predecir ciertas conductas de los objetos (aceleración, posición, etc.). Es decir, se creía que el mundo físico poseía ciertas reglas y cualidades que, una vez conocidas, podían usarse para determinar posibles situaciones, como lo planteaban nuestros problemas de la clase de física: "Si lanzamos con determinada fuerza una moneda con un peso de 0.5 kg mientras vamos en un coche a una velocidad de 45 km por hora, ¿a qué velocidad va la moneda?"...

Pues resulta que en el mundo de la física cuántica no tenemos ninguna certidumbre y las herramientas de la física clásica no funcionan igual, porque los resultados son variables, y dichas variaciones están relacionadas con el método que usamos para medir. Es decir, en un sentido, nuestro punto de vista incide en el fenómeno. Esto ha llevado a muchos pensadores metafísicos a creer que ocurre lo mismo con los hechos de nuestra vida: nuestros pensamientos inciden en los acontecimientos de nuestra cotidianidad.

Ya había mencionado en capítulos anteriores la idea de que si pensamos negativamente tendremos resultados negativos en nuestra vida y si pensamos de manera positiva los resultados serán positivos. Estos supuestos se pueden experimentar, pero no podemos comprobar que sean ciertos; por esa razón, los partidarios del pensamiento científico intentarán desarmar, con explicaciones y argumentos, la suposición de que nuestros pensamientos ("decretos") inciden de esa manera casi mágica en el mundo real. O al menos sostendrán que no puede decirse que no sea cierto pero tampoco puede decirse que sí... Algo así, en lo que no se puede usar el método científico, siempre será cuestión de fe o no fe. Cierro esta idea con lo siguiente: en el libro *Usar el cerebro,* Facundo Manes y Mateo Niro afirman: "El cerebro es un órgano lo suficientemente hábil y flexible para adaptarse a un destino más conveniente, es decir, más feliz". Así, pues, pensemos en un destino más conveniente.

En lo personal, creo, como el divulgador científico Michio Kaku, que es posible un pensamiento religioso y espiritual que no se pelee con el pensamiento científico; estoy convencido de que ambos se complementan y pueden ir de la mano. Creo, como Dawkins (en su documental de 2007 *The Enemies of Reason*), que el desarrollo de la sociedad está ligado al pensamiento científico, pero no puedo dejar de lado que mi cabeza de alguna manera percibe la existencia de algo más allá del mundo físico... Sin esa voz dentro de nosotros que piensa que hay algo más allá no hubieran sido posibles ciertos hallazgos de la ciencia, o ¿cómo podíamos encontrar el átomo sin antes haber intuido que debían de existir pequeñas partículas indivisibles que formaban la materia existente? O Giordano Bruno no habría podido elaborar sus teorías cosmológicas, que por cierto lo llevaron a la hoguera, si no hubiera usado su intuición.

El ser humano busca certezas, y el conocimiento científico hasta cierto punto permite tener los elementos para hacer predicciones y poder controlar resultados. Y entonces tratamos de englobar nuestro mundo en fórmulas químicas y ecuaciones matemáticas y físicas... Pero aunque eso ayuda, no siempre tenemos respuestas para todo. Y peor aún, en algunos casos lo que nos puede dar la ciencia no responde a nuestros problemas existenciales y de búsqueda de felicidad.

Ahora bien, a lo largo de la historia la ciencia ha encontrado información que nos va alejando de un universo predecible y que se pueda reducir a unas cuantas fórmulas. A esto ha contribuido de manera determinante la aparición de la física cuántica, por un lado, y por otro la teoría de los universos paralelos, según la cual no hay solamente un universo sino que con el nuestro coexisten varios universos que tienen resultados diferentes. Es teoría especulativa, claro, pero quién sabe qué podamos encontrar en un futuro.

Finalmente, como dice Michio Kaku en su libro *Universos paralelos. Los universos alternativos de la ciencia y el destino del cosmos:*

En última instancia, creo que la mera existencia de una única ecuación que pueda describir todo el universo de una manera ordenada y armoniosa implica un diseño de algún tipo. Sin embargo, no creo que este diseño dé sentido personal a la humanidad. Por muy sorprendente o elegante que sea la formulación final de la física, no elevará el espíritu de miles de millones de personas, ni les procurará plenitud emocional [...]. Para mí, el significado real de la vida es que nosotros creamos nuestro propio significado.

¿Qué **conclusiones** sacamos de este apartado?

→ La ciencia nos ayuda a vivir mejor pero no da respuesta a preguntas de corte existencial.

→ La ciencia es indispensable para el desarrollo de las civilizaciones.

→ Nuestro pensamiento es sumamente poderoso.

→ De una u otra manera, nuestro cerebro configura nuestra realidad; si encontramos cómo funciona, podremos reconfigurarlo para adaptarse a un destino feliz.

→ A fin de cuentas, somos nosotros los que tenemos la decisión de cambiar nuestro destino.

→ La teoría cuántica abrió la puerta a la posibilidad de que el observador incida en los resultados del suceso observado.

→ Muchos físicos teóricos plantean la posibilidad de que haya universos paralelos que coexisten con el nuestro, como si fueran las capas de una cebolla.

Qué **ver** para entender más...

Definitivamente, las dos series de *Cosmos,* tanto la versión de Carl Sagan como la de Neil Degrasse Tyson. Esto nos dará un panorama general del papel del ser humano en relación con el universo y la sociedad, con hincapié en el desarrollo de la ciencia, la tecnología y el pensamiento.

Qué **leer** para entender más...

Definitivamente, *Los creadores de la nueva física,* de Barbara Lovett Cline, donde se explican con claridad los descubrimientos de la física en el siglo XX que rompieron con algunos paradigmas que se remontaban a Isac Newton. El mundo de los átomos y sus partículas no se comporta igual que nuestro mundo físico. También vale la pena echarle un ojo a la serie "Cincuenta cosas que hay que saber sobre...", de Editorial Planeta, donde se encuentran libros dedicados a la física, las matemáticas, la química y otras disciplinas.

La importancia de la **ciencia ficción**

No sólo leer textos de divulgación científica ayuda a adentrarnos en el mundo de la ciencia: también la literatura de ciencia ficción resulta sumamente útil. Nos lleva a imaginar nuevos mundos posibles, tanto en lo bueno como en lo malo; inspira y puede fungir como una advertencia para no recorrer ciertos caminos. Y por otro lado nos muestra diversas tendencias sobre los adelantos científicos, aunque no se materialicen hasta después de muchos años. Así, pues, cuando leemos una historia de ciencia ficción no sólo nos entretenemos, sino que puede aportar un granito de arena a nuestra conciencia.

CAPÍTULO 5

SALUD Y SABROSURAS GASTRONÓMICAS

5.1 Somos lo que comemos: el horror de las dietas y la amenaza del gluten

Cada vez es más común que me tope con gente que ya no come una hamburguesa, una carne asada o una ensalada de atún: lo que comen es "su proteína", y en vez de "no consumir pan", "no consumen gluten". ¿Qué es eso? Es decir, sí entiendo qué es el gluten; mi duda es: ¿por qué empezamos a expresarnos así? Es algo reciente, de eso estoy seguro.

Recuerdo que cuando yo era niño mi padre era enemigo del azúcar: en algún lugar había leído que el azúcar era pésima y había que evitarla, sobre todo la refinada; el azúcar morena no era tan dañina, pero si se podía evitar, mejor. Así, pues, crecí con muchas restricciones con respecto a los dulces, aunque tampoco es que sufriera mucho por eso. Además, mi mamá remataba con "Se te van a picar los dientes", y debo decir que ir al dentista era algo que odiaba. Entonces ahora sé disfrutar un buen postre, pero casi no los procuro, y no soy fan del caramelo macizo ni de endulzar el café o el té. Debo agregar que cuando llegaron los endulzantes como Splenda mi padre fue feliz. Ah, y otra cosa: ¿desde cuándo tomarse un jugo de naranja se volvió malo?

Luego mi madre oyó por ahí que la grasa era lo peor y empezó a cocinar con poca grasa. Lo único que debo decir es que los huevos estrellados no quedan igual si se les ponen sólo unas cuantas gotas de aceite. Pero más adelante resultó que no toda la grasa era mala, que había grasa buena y grasa mala: que la que tenían el aguacate y los cacahuates era de la buena, a diferencia de la del cerdo. Recientemente me he topado con varios doctores que dicen que la grasa es necesaria y que cinco tacos al pastor son una buena cena. De verdad eso dicen.

La sal en exceso no siempre fue benigna, pero ahora resulta que ni una pizca de sal refinada está bien, y lo que debe usarse es la sal marina, que por cierto tiene un cursi color rosa. Entonces mi mamá empezó a cocinar con poca sal… Pero la verdad es que si algo queda bajo en sal, aunque después le eches un poco más, como que no queda igual. ¿A poco no?

Y hete aquí que llegan los veganos, los lactovegetarianos y los ovolactovegetarianos; y a los que no les gusta la carne porque es tóxica o no quieren ver morir un animal; y los que dicen que una dieta sana es lo mejor y que están más saludables y han vencido enfermedades horribles a base de alimentación; y claro, también a unos eso nos vale un comino y seguimos comiendo lo que nos da la gana, aunque de pronto nos quieran hacer sentir culpables aquellos que son "asquerosamente sanos" (como les decía una maestra que tuve en la Facultad de Psicología).

A mí, que me gusta comer casi de todo y soy un tragón certificado, me parece que vivimos en una etapa de terror en la que la ensalada es el único camino; ¡ah!, pero no cualquier ensalada: ¿qué tal si tiene alguno de esos vegetales que se riegan con agua de dudosa procedencia o de esas a las que les echan pesticidas, o de las que tienen muchos carbohidratos? A esos vegetales hay que segregarlos.

Es por cuestiones "de salud", por un lado, pero por otro es porque nos hace engordar, y eso en el mundo de las *selfies* no nos lo podemos permitir... ¿O sí? Y, bueno, es verdad que enfermedades como la diabetes se han disparado y que la obesidad ha ido en aumento porque hay más disponibilidad de productos chatarra. Eso es cierto, pero aun así creo que en todo este asunto hay muchas exageraciones. Voy a comentar brevemente el libro *La mentira del gluten,* de Alan Levinovitz.

Levinovitz es profesor de Filosofía y Religión China en la Universidad de James Madison. Lo primero que llama la atención es: ¿por qué un académico estudioso de las religiones escribe sobre comida? Resulta que este académico, que también ha estudiado otras religiones aparte de la china, descubrió que en diversos periodos de la antigüedad se gestaron movimientos similares con respecto a la comida, todos ellos con bases religiosas y espirituales pero con nula evidencia científica.

En su libro habla de lo que considera diversos mitos alimenticios, carentes de métodos rigurosos para su demostración científica:

En 1984, una emblemática portada de la revista *Time* representó una cara triste con dos huevos y una tira de tocino, bajo el titular que decía "Colesterol: Y ahora las malas noticias". Treinta años después, la misma revista reemplazó la cara triste por unos rizos con mantequilla y cambió el titular a "Coma mantequilla". En un encabezado del 2012 del periódico *Los Angeles Times* se lee: "Toda la carne roja es riesgosa". Pero de acuerdo con las noticias de salud de la BBC en 2013, la carne grasosa está "siendo [...] satanizada" injustamente.

Y así aparecen y aparecen estudios individuales y noticias. Levinovitz sostiene que las aseveraciones en cuestiones de nutrición se realizan a través de muchos, muchos estudios; incluso comenta que así como hay entusiastas que nos invitan a evitar el gluten, el azúcar, la sal o la grasa, hay quienes son escépticos en cuanto a lo nocivos que estos ingredientes pueden llegar a ser.

Cuenta que en la antigua China había un grupo de monjes que de pronto decidieron que no iban a comer cereales (la base de la alimentación china) y apelaban a un paraíso terrenal donde no había enfermedades, un paraíso donde la agricultura no existía y los hombres se alimentaban de plantas silvestres que complementaban con elíxires que contenían minerales especiales. Cuando la carne se volvió de suma importancia en China, estos monjes pasaron del rechazo a los cereales al rechazo a la carne.

El argumento del paraíso del pasado, observa Levinovitz, la creencia de que antes no había tantas enfermedades como ahora porque se comía de manera distinta, es una de las principales influencias en las convicciones sobre la alimentación. El rechazo al *statu quo* se torna una situación de rebeldía, y no sólo eso: rechazar una comida determinada puede hacerte sentir que perteneces a un grupo moralmente superior.

Y es así como surgen los gurús de la nutrición que te alertan sobre las terribles toxinas que lo que comes está llevando a tu organismo, y prometen liberarte de ellas... cuando en realidad se trata de un infierno que ellos mismos crearon. En conclusión, Levinovitz recomienda comer lo que a cada uno le haga sentir bien; la única verdad a lo largo de la historia, dice él, ha sido la moderación.

El periodista Michael Pollan realizó un trabajo maravilloso sobre comida: inspirador, delicioso, espiritual, revitalizante, que plasmó en un libro y también en un documental realizado por Netflix, *Cooked,* en el que hace un recorrido gastronómico y culinario a lo largo del mundo, contagiándonos el gusto por deliciosos platillos tradicionales de diversas regiones del planeta y transmitiéndonos su pasión por la cocina como remedio para acabar con la costumbre de consumir alimentos procesados. Él no nos dice qué debemos comer o no, pero nos invita a regresar a la tradición de cocinar. Y, claro, en la tradición culinaria entra prácticamente todo.

Apoyado en el trabajo de diversos antropólogos, Pollan afirma que fue el arte culinario lo que nos separó del resto de las especies; nos permitió tener más energía en un menor tiempo de digestión, y eso a su vez permitió que nuestro cerebro creciera y nuestros intestinos se redujeran. En suma, cocinar es lo que nos hace humanos.

Si hubiera llevado a un vegetariano a casa de mi bisabuela, ella seguramente lo habría acusado de melindroso, adjetivo poco halagador; en mi entorno familiar, ser melindroso no estaba permitido. Los melindrosos caían mal. Uno debía comer de todo; de lo contrario lo considerarían una persona mal educada.

En el pasado, ser robusto era sinónimo de salud, de abundancia, y ser flaco estaba relacionado con alguna carencia. No en los tiempos modernos: ahora la situación ha cambiado y el culto al cuerpo es mucho más importante. Quisiera decir que es por salud, pero me inclino a pensar que en la mayoría de los casos tiene más que ver con el narcisismo de nuestra época. Al final, todos queremos salir bien en la *selfie*.

Cierro este apartado con otra cita de Levinovitz que refuerza la máxima de "Todo con moderación": "La lección que se debe aprender de todo esto no es que comer grasa saturada no te hace engordar, ni que la fuerza de voluntad no tiene que ver con la pérdida de peso, sino más bien que determinar y ponderar adecuadamente los efectos de la dieta sobre la salud es tremendamente difícil". Así, pues, la credibilidad de las dietas depende de un apego a los mitos y al pensamiento mágico. Mejor hay que comer sin miedo, aunque con moderación, y mejor buscar la forma de ejercitarnos más.

¿Qué **conclusiones** sacamos de este apartado?

→ Ahora mucha gente es más cuidadosa con lo que come.

→ Mucha gente evita el gluten, a veces sólo por moda.

→ Los estudios de nutrición que se publican en los medios muchas veces confunden más de lo que aclaran.

→ Las dietas que van y vienen rara vez pueden comprobarse científicamente de manera definitiva.

→ Muchas veces se nos dice que algo hace daño no porque así se haya demostrado, sino por alguna creencia religiosa de fondo.

→ Desde tiempos inmemoriales, la única constante en una buena nutrición es la moderación.

→ Antes, no comer de todo se consideraba de mala educación

→ Antes, estar un poco robusto era deseable y atractivo.

Mis películas de comida favoritas

→ *Comer, beber, amar* (*Yin shi nan nu,* Taiwán, 1994), de Ang Lee, con Sihung Lung, Yu-Wen Wang y Chien-Lien Wu.

→ *Chocolate* (*Chocolat,* EEUU-Gran Bretaña, 2000), de Lasse Hallström, con Juliette Binoche, Johnny Depp, Judi Dench y Alfred Molina.

→ *Ratatouille* (EEUU, 2007), de Brad Bird, con Brad Garrett, Lou Romano, Janeane Garofalo y Patton Oswalt.

→ *Como agua para chocolate* (México, 1992), de Alfonso Arau, con Marco Leonardi, Lumi Cavazos, Regina Torné y Mario Iván Martínez.

→ *El festín de Babette* (*Babettes gæstebud,* Dinamarca, 1987), de Gabriel Axel, con Stéphane Audran, Bodil Kjer y Birgitte Federspiel.

→ *Delicatessen* (Francia, 1991), de Jean-Pierre Jeunet, con Marie-Laure Dougnac, Dominique Pinon, Pascal Benezech y Karin Viard.

Mis platillos favoritos

GUISADOS
→ Pollo en mole verde
→ Entomatado de res
→ Bistec en adobo
→ Chilayo de puerco
→ Tortitas de carne

→ **Comida rápida:** Hamburguesa y pizza
→ **Cortes de carne favoritos:** el bife de chorizo y el New York
→ **Del mar:** cualquier cosa que lleve pulpo
→ **Pastas:** *risotto ai funghi* y lasaña boloñesa
→ **Comida árabe:** cuscús de cordero
→ **Comida francesa:** *bœuf bourguignon* (estofado de res)

→ **Comida polaca:** cualquier plato que combine el pato con champiñones

TOP DE TACOS
Sencillos
→ Suadero
→ Cochinita pibil
→ Lengua
→ Barbacoa
→ Birria
En combinación
→ Gringa (pastor con queso)
→ Choriqueso (cazuela de queso fundido con chorizo)
→ Alambre de bistec (queso, pimientos y bistec)

SOPAS
→ De fideo
→ De hongos
→ Consomé de pollo
→ De lima
→ Jugo de carne

RECOMENDACIÓN
Para conocer la esencia de la gastronomía mexicana échale un ojo al libro *La cocina mexicana de Socorro y Fernando del Paso* (México, Fondo de Cultura Económica, 2016), un libro que te llevará a recorrer la riqueza y el mestizaje de la gastronomía mexicana. Además, cuenta con fabulosas recetas.

CAPÍTULO 6

LA ERA DORADA DE LA TELEVISIÓN

6.1 Infancia es televisión...

...al menos la mía. Crecí prácticamente pegado a una televisión. Mi madre y mi abuela me tenían que repetir una
y otra vez que me alejara de ella porque me iba a quedar miope. A metro y medio de distancia, mínimo. Y ahí
estaban ellas, una y otra vez haciéndome para atrás. Y sí,
ahora necesito lentes porque tengo miopía, pero fue por
razones hereditarias... creo. En realidad prefiero no saber
qué fue exactamente.

Cada vez que podía o había algo que ver, sacaba mis
juguetes y encendía la tele. Dividía mi tiempo entre las
caricaturas y las historias que se me ocurrían. Las caricaturas comenzaban a las dos de la tarde, así que siempre
estaba pendiente de la hora.

En aquella época, además de que sólo el Canal 5 trans-
mitía caricaturas, había un presentador para la primera

parte de la barra animada: se llamaba Rogelio Moreno, y entre caricatura y caricatura presentaba dibujos que le mandaban los niños que veían la programación, y todo el tiempo mandaba saludos. Luego se iba y llegaba otro presentador, el Tío Gamboín, que también mandaba saludos pero además tenía juguetes fabulosos que hacían monerías, como dar maromas.

Cuando acababa la barra de caricaturas me iba a la otra televisión, porque has de saber que todas mis tardes la pasaba en casa de mi abuela, donde había dos televisiones. Eso no era muy común y se consideraba un exceso. Yo veía la tele en el cuarto de mis abuelos, y cuando se acababan las caricaturas apagaba la tele y me iba a hacerle compañía a mi abuela, quien para esas horas ya había terminado el quehacer y estaba empezando a ver sus "comedias", como les decía a las telenovelas. No lo digo con orgullo, pero sí me divierte decir que al lado de mi abuela vi grandes clásicos, como *Cuna de lobos;* telenovelas históricas, como *El carruaje,* y churros, como *Martín Garatuza,* telenovela que ocurría en tiempos de la colonia.

Mi padre siempre me decía que la televisión idiotizaba… y pugnaba por que viera al menos otro tipo de televisión, como las caricaturas comunistas que pasaban en el Canal 11, tipo *Bolek y Lolek,* cosa que agradezco porque así de alguna manera se ampliaron mis horizontes. Gracias a eso estuve abierto a ver animaciones fuera de lo común, y aún puedo disfrutar animaciones para adultos que se salgan de lo ordinario, como *Las trillizas de Belleville.*

Mi amor por la televisión me llevó de pronto a ver programas diferentes, como las opciones culturales que pasaban en el Canal 9, y un estupendo programa de música conducido por Jaime Almeida.

Por supuesto, eso de que "la televisión idiotiza" no se aplicaba cuando mi papá veía series como *El precio del deber* (*Hill Street Blues*) o *Starsky y Hutch,* ni siquiera series cómicas como *Los polivoces.* También mi padre amaba la televisión, aunque en secreto, o más bien tenía cierta esperanza de encontrar en ella cosas interesantes. Apuesto a que si todavía viviera se maravillaría con la televisión de estos días. De seguro habría amado *Los Soprano.*

Bueno, pero antes de *Los Soprano,* mucho antes, no olvidemos que en la Ciudad de México había a lo mucho siete canales, u ocho si contamos el Canal 22, aunque uno tuviera que cambiar a la frecuencia UHF para poder sintonizarlo (y era un poco problemático, la verdad). Los canales principales estaban en la frecuencia VHF: era como el radio y sus frecuencias AM y FM, pero sin la facilidad de cambiar de una a otra en un santiamén. En fin, no había muchas opciones, y no todos tenían dos televisiones, así que casi todos los niños veíamos lo mismo: las mismas caricaturas y los mismos programas que veían los adultos.

Cuando llegaron la televisión por cable y la satelital las opciones se ampliaron, aunque presiento que, a pesar de las opciones, por mucho tiempo todos seguimos viendo lo mismo. Pero poco a poco se fue dando un cambio, y poco a poco los contenidos de la televisión se fueron transformando hasta llegar a presentarnos grandes series, que de hecho rivalizan con las mejores películas de la historia.

En el libro *The Revolution was Televised,* de Alan Sepinwall, se habla de las series que prepararon el camino para la maravillosa era televisiva que ahora disfrutamos, pero hace hincapié en una que fue fundamental para este cambio; no es de las mejores, pero sí de las más populares en su momento. Se trata de una serie de vampiros y adolescentes: *Buffy, la cazavampiros*. Llama la atención que, tal como ocurrió con el rock en los años cincuenta, un producto destinado a un público adolescente fue un importante parteaguas y trajo consigo cambios en la industria del entretenimiento en su totalidad.

¿Qué **conclusiones** sacamos de este apartado?

→ En los años ochenta en la capital de la República podían sintonizarse apenas ocho canales de televisión abierta.

→ Antes era muy raro tener dos televisiones, mientras que ahora prácticamente todos los miembros de la familia tienen acceso a un dispositivo propio para ver contenidos televisivos.

→ La barra animada tenía a dos presentadores casi legendarios: Rogelio Moreno y el Tío Gamboín.

6.2 Vampiros, adolescencia y HBO

Cuando llegué a la adolescencia mis costumbres de consumo televisivo cambiaron. Más que por la edad, por una cuestión técnica: me cambié de casa y resultó que en mi nuevo hogar la antena no funcionaba muy bien. En efecto, en la nueva unidad habitacional había una conexión de antena: una cajita empotrada en la pared a manera de enchufe, donde debía ir conectado un cable que bajaba desde el techo... pero resulta que no bajaba ningún cable.

Ignoro si mis padres le preguntaron a alguien que supiera del asunto, pero el punto es que la antena de la azotea no funcionaba (y eran siete pisos). Intentamos resolverlo de inmediato con una antena de conejo, pero la interferencia era tal que sólo se veía el Canal 2 y a veces, si le echabas ganas con la colocación de la antena y el clima era favorable, el Canal 5.

Si bien siempre tuve con quién salir a jugar, la realidad es que me gustaba pasar mucho tiempo a solas frente a la televisión; de hecho, a menudo rechazaba invitaciones para acostarme a ver tele con algún amigo. Entonces el hecho de que sólo se viera el Canal 2 era un problema.

Me iré un poco más lejos. Si bien en casa de mi abuela, donde pasaba casi todo el tiempo, había dos televisiones, en casa de mis padres había solo una, así que, entre mi mamá, mi papá y mis dos hermanos, la competencia era un poco más complicada. El primer año en la casa nueva fue un poco difícil para mí. Tuve que sobrevivir a la abstinencia televisiva a base de renta de *videocassettes* en el sitio para alquilar películas de aquella época: un Videocentro de la nueva colonia.

En fin, recuerdo que pasamos un trámite más o menos largo para tener una alternativa... Ésta era comprar Cablevisión o el sistema de Multivisión (MVS). La decisión fue sencilla: Cablevisión no estaba disponible en la colonia. Recuerdo que fue todo un tema vecinal, porque casi todos los condóminos estábamos en esa situación. Hubo varias juntas con los vendedores de MVS y al final se llegó a un acuerdo: se puso una antena comunal (cada quien con su decodificador) para que nos saliera más barato a todos y para que la azotea no se llenara de antenas.

Y así llegaron más opciones... Entre ellas HBO, que impactaba con su eslogan "No es televisión: es HBO". Y luego Imevisión se convirtió en TV Azteca, y llegó el drama preparatoriano y moralista *Beverly Hills 90210*. Le sucedieron *Los Simpson* y otras series y más canales... hasta que llegó Fox, y con él *Buffy, la cazavampiros,* serie que varios críticos y periodistas televisivos señalan como un momento crucial de este nuevo cambio.

De que me mudé a vivir ahí a que llegó *Buffy* pasó todavía un tiempo, pero el cambio ya estaba en marcha. Andaba yo en mis veintes cuando la cazadora de vampiros llegó a la televisión. Primero lo hizo en versión cinematográfica y luego en la serie de televisión basada en la misma trama: una porrista superficial descubre que es la indicada para salvar a su pueblo natal de los terribles vampiros.

Así comenzaba la serie, pero poco a poco la trama fue creciendo, y al final Buffy luchaba contra demonios y hombres lobo y debía detener el apocalipsis.

La serie se convirtió en un fenómeno, y debo reconocer

que estuve enganchado a lo largo de varios episodios, y no sé si también por varias temporadas, pues ese concepto era nuevo y, la verdad, no entendía muy bien cómo funcionaba eso, pero el punto es que sí más o menos seguí la trama de toda la serie (a veces más, a veces menos), y varios de mis amigos también.

¿Teníamos una Buffy dentro de nosotros? ¿Todos éramos Buffy? No, definitivamente, pero sí estábamos saliendo de ese periodo, o más bien viviendo una adolescencia tardía en donde la "batalla entre el bien y el mal" (que representaba los impulsos de adolescencia contra una vida adulta y racional) se libraba de manera constante.

En la serie no todos eran tan malos como parecían, y los malos de pronto podían volverse buenos y los buenos, malos, y también había matices. No es que anteriormente no hubiera series donde pudiera pasar esto, pero en la televisión por lo general las reglas estaban claras: los malos eran malos y los buenos eran buenos, punto. Cada episodio era prácticamente la misma lucha, una y otra vez, para que al final los personajes siguieran siendo los mismos de siempre.

En cambio, en *Buffy* la reglas podían cambiar… y los personajes no eran inmutables, y la trama podría irse a lugares inesperados. Y de vez en cuando moría alguien que no debía morir. Hasta cierto punto era más cercano a lo que podía pasar en una telenovela, pero el armado de la trama de Buffy era de mayor calidad (sin llegar a ser una obra de arte).

Los moldes de la televisión estaban rompiéndose, pues, y al hacerlo comenzó a surgir la creatividad. No haré un recuento de la historia de las grandes series, porque además en aquellos años llegaban a destiempo a nuestro país, así que poco a poco me fui topando con esta nueva camada. Sin embargo, hablaré de tres programas que me marcaron en aquellos inicios. Son mis favoritos y no necesariamente son los más populares, pero creo que alcanzan a plasmar muy bien el cambio televisivo que se dio en ese paso al siglo XXI.

La primera de ellas es una serie sobre la prisión, llamada *Oz*. Por una parte, el título alude al *Mago de Oz*, mientras que por otra hace referencia al nombre de la cárcel en torno a la cual gira toda la serie: la penitenciaría de Oswald (los internos la llaman Oz, por Oswald y por el famoso mago). Dentro de este recinto, además, había un programa de rehabilitación llamado Ciudad Esmeralda. Los presos que llegaban allí tenían la oportunidad de regresar a sus casas.

Se supone que Ciudad Esmeralda era un mejor lugar, pero en la serie lo cierto es que allí las cosas se ponían todavía peor. Resulta que todos los internos tenían la esperanza de regresar a casa (por supuesto, su boleto de salida eran la salvación y el cambio interno). Pero da la casualidad de que el sistema era tan duro, al igual que las dinámicas de los internos, que trágicamente los que se "volvían buenos" eran arrastrados de nuevo al fango, o bien morían... Metafóricamente era lo que necesitaban para regresar a casa. La única forma de trascender en ese lugar miserable y lleno de violencia era la muerte. Oz era un lugar donde las bajas pasiones y la violencia eran la regla; no había lugar para la ética o la moral, a riesgo de terminar en el cementerio. En medio de esta tragedia había una especie de coro (como en las obras griegas), representado por un interno, Augustus Hill, que era poeta y adicto a las drogas y estaba en silla de ruedas. De alguna manera él nos iba llevando de la mano de los temas a tratar en cada capítulo. Oz es conmovedora, terrorífica y, por supuesto, catártica, gracias a que nos mostraba la transgresión moral de los protagonistas, que recibían su justo castigo a manos de sus pares (y no de los dioses), ya fuera por sus vicios o bien por la búsqueda de la virtud.

La segunda que quiero comentar de *The Wire,* una serie policiaca que gira en torno a la problemática de las bandas de narcotraficantes que controlan la ciudad de Baltimore. A simple vista es una serie de policías y ladrones. Sin embargo, conforme pasan los capítulos y las temporadas, descubrimos que la verdadera protagonista es la ciudad misma y que las drogas son nada más una parte del problema, tan sólo lo más evidente. Detrás de todo eso encontramos a una serie de personajes ligados a la política sumidos en la corrupción, en una dinámica que parece embarrar de alguna manera a casi todos los habitantes de la ciudad y, por supuesto, su economía.

El problema del narcotráfico resulta ser una especie de tumor que si se extirpa, en vez de que la ciudad funcione mejor se corre el riesgo de que sufra una crisis. Puede ser que sin él no funcione, pues a fin de cuentas todo está interconectado.

Uno de los creadores de la serie, David Simon, fue un periodista que por doce años cubrió las noticias locales de Baltimore para el *Baltimore Sun,* así que conocía muy bien cómo funcionaba la población en su totalidad.

Por otro lado, para la televisión era novedosa la manera en que se manejaba la trama: la historia avanzaba prácticamente a base de puro diálogo. Sí había disparos y asesinatos, pero muchos detalles cruciales nos eran revelados a través de las conversaciones de los personajes, lo cual explicaba y redondeaba el nombre de la serie: *The Wire* se traduce literalmente como "El cable", pero aquí se usa más para aludir a una forma de espionaje policiaco: la intervención de una línea telefónica para escuchar las conversaciones, que se hacen precisamente conectando a la línea un cable que va a otro equipo telefónico y a una grabadora, lo que permite escuchar las conversaciones ajenas y, por supuesto, grabarlas.

En *The Wire* también encontramos personajes complejos. Hay malos que parecen buenos, pues poseen códigos de honor o bien una ignorancia que nos hace sentir piedad; otros tienen un cinismo tal que los convierte en seres sin redención, y otros más creen que sólo están representando el papel que les corresponde. Los buenos oscilan entre un ego desmedido y un hambre de poder que a veces los hace peores que los propios criminales, mientras que otros hombres "buenos" parecen seguir solamente las reglas de algún manual.

The Wire funciona como serie dramática y una fuerte crítica a un sistema corrupto, empezando por los políticos que deciden nuestros destinos.

La tercera serie, por supuesto, es *Los Soprano,* show que ni *The Walking Dead* ni *Mad Men* me han ayudado a superar (nota: no he visto *Game of Thrones*). No exagero al decir que esta serie es un extraño compendio de sabiduría cotidiana, en donde un mafioso carismático es capaz de horrorizarnos de la misma manera que nos puede hacer quererlo, y a veces hasta es capaz de conmovernos con sus problemas o inspirarnos con sus discursos.

Para quien no la conozca, todo gira en torno a Tony Soprano, líder de una panda de mafiosos de Nueva Jersey que lucha por mantener a flote a sus dos familias, la criminal y la sanguínea.

El poder dramático de *Los Soprano* es asombroso: el creador y guionista David Chase consigue que los espectadores nos apropiemos del sufrimiento de los personajes, en apariencia muy alejados de nosotros, y que lo vivamos como si fuera nuestro o como si el sujeto que vemos en pantalla fuera nuestro amigo. Al mismo tiempo nos revela cómo usamos algunos vicios humanos, como la tendencia a la mentira, para esconder nuestros pecados o para esconder lo que sentimos. En ese sentido, el juego de poder en cualquier estrato social consiste en colocarnos una máscara que nos protege y oculta nuestra verdadera esencia.

¿Qué tiene de diferente este programa? El hecho de hacer que nos enamoremos de un antihéroe como Tony Soprano, ponernos de su lado, verlo matar a personajes queridos (impensable por mucho tiempo en el universo televisivo) y aun así desear que a toda costa se salve de sus enemigos.

Y he aquí un asunto medular: los personajes en esta nueva era televisiva son multidimensionales, a veces con más vicios que virtudes, y aun así nos pueden resultar absolutamente adorables. Son personajes que pueden morir a media temporada o con capacidad para transformarse. No es casual que la mayoría de las series más aclamadas de los últimos años nos presenten a personajes que distan de caer en el estereotipo de bondadoso.

¿Qué **conclusiones** sacamos de este apartado?

→ Una serie para adolescentes llamada *Buffy, la caza-vampiros* fue determinante en la revolución televisiva que estamos disfrutando.

→ Dicha revolución se dio de la mano con los sistemas de cable, que vivían del pago de suscriptores y no de los grandes *ratings* que atraen anunciantes.

→ Los héroes de las nuevas series son más cercanos al antihéroe y en ocasiones están muy alejados de ser unos dechados de virtud.

→ Antes las series llegaban con retraso, no como ahora, que se estrenan casi al mismo tiempo que en Estados Unidos o hasta existe la posibilidad de verlas al mismo tiempo (a veces de manera ilegal).

Extra: Mi amada familia Simpson

Decidí dedicarle un apartado especial a una de las series que más me han marcado y que, por supuesto, ha tenido un papel en la revolución televisiva de la que hablamos, pero considero que merece un trato aparte. Para esto me baso hasta cierto punto en un texto que alguna vez escribí en mi blog, faustoponce.com.

Mucha gente a la que le gustan *Los Simpson* dice, a manera de justificación, que ve la caricatura porque "es una crítica a la familia de clase media estadounidense". Por supuesto, esta aseveración tiene algo de cierto; sin embargo, hay que recalcar que, si bien por un lado se burla de los estándares de la típica "familia americana" y de otras instituciones sociales y políticas, por otro lado posee un fuerte mensaje conservador.

No cabe duda de que *Los Simpson* presenta una cara anti*establishment* que expone los vicios de la política y la democracia, y que presenta al ser humano como un personaje pasional más que racional, situación que abre paso al egoísmo y elimina toda posibilidad de un héroe capaz de redimir a la sociedad, pero si de casualidad lo hubiera, el creador Matt Groening, o más bien los guionistas de la serie animada, se encargarían de darle la credibilidad de un político.

¿Qué es lo queda entonces? La familia: una familia imperfecta y dispar, lejana de ser un modelo a seguir, polifacética, mediocre cuando suprime las individualidades exaltadas de sus miembros (que a veces rayan en lo destructivo), pero apapachadora y con una capacidad feroz para resolver casi cualquier problema.

En medio del individualismo exacerbado que rige a la sociedad contemporánea (específicamente la estadounidense) y nos aleja de los valores comunitarios, *Los Simpson* aboga por lo contrario. Los esfuerzos personales son fútiles; bueno, ni el poderoso señor Burns logra nada por su cuenta, con todo y que sólo él se enriquezca.

La caricatura comienza con la familia reunida frente al televisor y acaba con la familia reunida en casa, o bien con sus integrantes emprendiendo el camino de regreso al hogar. Al final no son más sabios, y quizá sigan teniendo los mismos defectos, pero siempre dan la sensación de ser más fuertes después de haber atravesado diversos problemas y tras haber aceptado las diferencias de sus integrantes.

¿Es una serie mediocre que aboga por el conformismo? Tampoco. Aunque Homero y Marge, en sus pequeños momentos de autosuperación, traten de cambiar (y nunca lo consigan), se trata más de diversidad de personalidades y estilos de vida que de otra cosa. Por ejemplo, Lisa, la encarnación del deber, con sus aspiraciones intelectuales y de grandeza, no llega a ser juez inflexible de la "sencillez" de sus padres; sabe que no son perfectos, pero también sabe que son felices tal como son.

Por otro lado, Lisa sí llegará a ser alguien, según lo hemos visto en un par de capítulos, al igual que su hermano Bart, que en el futuro se convertirá en juez de la Suprema Corte. Así que, familia perfecta o no, los niños Simpson crecerán con bien, incluso Maggie, cuyo futuro resulta bastante incierto. Ella, al parecer, está condenada a ser el espíritu infantil que reina en el mundo Simpson.

Así, pues, con toda su mordaz sátira, *Los Simpson* se establece a veces como una especie de conciencia crítica. En otras ocasiones se plantea con una ligereza que sirve sólo de escape, y otras más es de una irreverencia que nos hace pensar que nada tiene sentido, pero siempre, al final del día, el mensaje es que todo va a estar bien, ya sea con una buena cena o, finalmente, frente a la televisión.

6.3 Y entonces llegó el *streaming*

Internet parece ser la puerta por la que se filtraron diversos "demonios" que transformaron nuestras costumbres culturales y, por supuesto, la forma en que nos apropiamos del arte y el conocimiento. Así, pues, el surgimiento de las series no fue lo único que cambió la televisión.

Gracias a internet ahora podemos compartir música de manera masiva. Por supuesto que la música se compartía ya desde la aparición de los acetatos: podíamos pedir discos prestados y llevárnoslos a casa para oírlos en nuestra tornamesa. Y con la llegada del *cassette* pudimos grabar esos maravillosos discos de vinilo, aparte de las canciones del radio, para realizar nuestras propias compilaciones, que podían ser para nuestra audioteca personal o para regalarlos a algún amigo o a alguien que nos gustara. Lo mismo hicimos después con los CD grabables. Pero con internet empezamos a hacerlo de manera masiva, ya no sólo con nuestro círculo más cercano de amigos, sino con los amigos de nuestros amigos, y así sucesivamente.

Y, bueno, más adelante nos dio por mostrar y regalar videos caseros, y luego películas, y luego series... Y luego la pantalla de una computadora, un celular o una tableta comenzaron a sustituir al aparato reproductor, que ya no dependía de la típica señal aérea. Claro, ahora podemos conectar cualquier dispositivo a una pantalla, pero esa vieja caja (ahora más bien como una caja de pizza) ya no tiene el monopolio de la imagen. Atrás quedaron los tiempos en que si una pantalla estaba ocupada uno tenía que inventarse alguna actividad para pasar el tiempo o ver lo mismo que otro estaba viendo en ese momento.

Recuerdo aquellas primeras cadenas de correos electrónicos en los que venían incrustados videos graciosos y caseros. Yo los odiaba, casi nunca los abría. Un video de esos que nunca pude olvidar fue el que se titulaba *Two Girls, One Cup:* de las cosas más desagradables que he visto en la vida. Si no sabes de qué hablo, busca en Google de qué trata... pero bajo tu propio riesgo. Y, por tu bien, sugiero enfáticamente que en lugar de verlo leas una descripción del contenido.

Y después vino YouTube y desplazó a los videos adjuntos en correos... Y llegaron los sitios de archivos *torrent...* Y por último Netflix. Total que la televisión se fue volviendo un menú a la carta. Lejos quedaron los días en que nos sentábamos frente a la tele esperando encontrar algo interesante, con el control remoto en la mano, zapeando más de cincuenta canales en los que no se encontraba nada.

Ahora bien, de pronto, el zapeo podía llevarnos a cosas interesantes que nunca en nuestro sano juicio hubiéramos visto: películas de la época de oro del cine mexicano, películas de ficheras, *reality shows* de lucha libre o de gente que caza cocodrilos, películas de indios y vaqueros, y otras curiosidades y extravagancias.

Regresando un poco más en el tiempo, yo tampoco hubiera elegido ver ciertas películas que le gustaban a mi padre, como *El bueno, el malo y el feo* o *Blade Runner,* contrapeso de las telenovelas que veía mi abuela (como ya confesé, con ella pude seguir varios clásicos de principio a fin). Ese mundo tenía sus ventajas, aunque tampoco creo que regresar a ese modelo sea algo deseable, al menos para mí; yo disfruto mucho perdiéndome en el mar de opciones de Netflix o iTunes.

Creo que casi todo el mundo ama estos nuevos modelos. Sin embargo, es muy probable que aún nos toque ver cambios radicales en la forma de ver tele, o quizá en el modelo de negocio. Y es que según reportes financieros, Netflix no se ha convertido en el negocio esperado: está por debajo de las expectativas financieras, y eso que se encuentra en ciento treinta países. Y así como hace diez años era impensable que las televisoras perdieran poder frente a los *youtubers,* nos resulta difícil de creer que en una de ésas Netlfix pudiera desaparecer para siempre. Pero en el mundo de los medios y de la tecnología todo puede pasar.

¿Qué **conclusiones** sacamos de este apartado?

→ La televisión (como aparato) se ha vuelto una pantalla más en casa.

→ En algún momento, los primeros videos caseros y chistosos, incluso virales, nos llegaban por *mail.*

→ No hay nada más cómodo que buscar lo que se quiere ver: muy preferible a estar pegado a la televisión cambiando de canal a ver si tenemos la suerte de encontrar algo atractivo.

Las **caricaturas** favoritas de mi infancia

→ *Érase una vez... el hombre*
→ *Don Gato y su pandilla*
→ *Robotech*
→ *Bugs Bunny* (que en realidad era una barra de caricaturas de los personajes de la Warner, pero no recuerdo cómo le ponían en la programación)
→ *La Pantera Rosa*
→ *Ahí viene Cascarrabias*
→ *Los Transformers* (versión de los 80)
→ *Remi, el niño de nadie*
→ *Belle y Sebastian*
→ *Ruy, el pequeño Cid*

LA CARICATURA DE CANTINFLAS

Cantinflas Show guarda un lugar especial, y es que debo confesar que sentía gran admiración por esas caricaturas que enseñaban historia. En el caso de estos dibujos animados, no sólo enseñaban sino que eran bastante entretenidos. Lástima que nada más durara unos minutos.

Las **series** de televisión favoritas de mi infancia

→ *Los Duke de Hazard*
→ *Los Locos Adams*
→ *Los Monsters*
→ *Batman y Robin* (serie de los sesenta)
→ *Viajeros en el tiempo*

REACOMODANDO LA VIDA

Durante la recta final de escritura de este libro se abrió una grieta enorme en el techo del departamento donde vivo. Las intensas lluvias, sumadas a una mala impermeabilización, habían estado causando filtraciones constantes. A esta situación, de por sí incómoda, se sumó la muerte de mi abuelo. El suceso me resultaba especialmente trágico, pues una parte de mi infancia se había ido para siempre: ya no tenía abuelos. Y cuando se está acostumbrado a familias grandes, donde los abuelos fungen como piedras angulares, las familias sufren una reestructuración, que puede consistir en alejamientos parciales o una total separación con tíos y primos. Aún estoy en proceso de acomodamiento y no sé a quiénes seguiré viendo como antes y a quiénes no.

En fin, tras estos dos episodios, y al haber terminado esta serie de apuntes sobre el amor, las redes sociales, el cine, internet y mi gusto por la patineta, decidí revisar todos los objetos que tengo en casa, desde ropa que ya no uso hasta montones de libros, discos, películas, viejas cartas de amor o de amistad, y recuerdos de bodas, quince años y graduaciones escolares.

Al principio no quería tirar nada, pero terminé tirando casi todo. Cajas y cajas de basura salieron de mi casa. Los recuerdos de mi infancia que sobrevivieron físicamente quedaron en una caja muy pequeña, mientras varios cajones de ropa y estantes de mi librero quedaron vacíos... Decidí que era momento de reorganizar mi casa.

Mandé cubrir la grieta del techo, y mientras escribo estas palabras está, al igual que el resto del departamento, en espera de recibir una maquilladita con pintura nueva. Cambiaré cosas de lugar, traeré nuevas, tiraré otras más, pero mi casa ya no será la misma. Y espero que eso también se vea reflejado en mí, y por supuesto que sea una versión mejorada de mí, de la persona que deseo ser de aquí a los próximos diez años, con varios proyectos en mente y con ganas de encontrarme con mi amigo de adolescencia del que hablo en la introducción y poderle decir: "A mis cuarenta pude hacer lo que siempre había querido". Por supuesto que para entonces habrá otra problemática, pero confío en que surgirán ideas, soluciones y otros proyectos para poder enfrentarlas, como me ocurrió en estos primeros cuarenta años de vida, y como confío en que siga pasando hasta que las posibilidades de existencia se agoten. Pero eso será otra historia para contarse en 2027.

La canción que suena en mi computadora mientras termino de teclear estas palabras es "Love Reign O'er Me" de The Who. •

ADAMS, ANTON, y MINA ADAMS, *El libro de los magos*, trad. Nuria López, Madrid, Edaf, 2003.

ALBERONI, FRANCESCO, *El arte de amar*, trad. Juan Carlos Gentile Vitale, Barcelona, Gedisa, 2015.

ANÓNIMO, *El libro de Enoc. El profeta*, Madrid, Edaf, 2013.

BAKER, KATIE J. M., "Hexing & Texting", *Newsweek* (24 de octubre de 2013).

BARICCO, ALESSANDRO, *Homero, Ilíada*, trad. Xavier González Rovira, Barcelona, Anagrama, 2005.

——, *Los bárbaros. Ensayo sobre la mutación*, trad. Xavier González Rovira, Barcelona, Anagrama, 2008.

BERMAN, MARSHALL, *Todo lo sólido se desvanece en el aire. La experiencia de la modernidad*, trad. Andrea Morales Vidal, México, Siglo XXI, 1998.

BILBENY, NORBERT, *La revolución en la ética. Hábitos y creencias en la sociedad digital*, Barcelona, Anagrama, 2005.

BRENNER, ABIGAIL, "Five Ways to Find Closure from the Past", *Psychology Today*, 6 de abril de 2011.

BURROUGHS, WILLIAM, *Tierras del Occidente*, trad. José Manuel Álvarez Flores, Barcelona, El Aleph, 2003.

BYRNE, RHONDA, *El secreto*, trad. Alicia Sánchez Millet, Barcelona, Urano, 2007.

CAMPBELL, JOSEPH, *El héroe de las mil caras*, trad. Luisa Josefina Hernández, México, Fondo de Cultura Económica, 1972.

CATALUCCIO, FRANCESCO M., *Inmadurez. La enfermedad de nuestro tiempo*, trad. María Condor, Madrid, Siruela, 2006.

Cline, Barbara Lovett, *Los creadores de la nueva física. Los físicos y la teoría cuántica*, trad. Juan Almela, México, Fondo de Cultura Económica, 1973.

CORRES AYALA, PATRICIA, *Alteridad y tiempo en el sujeto y la historia*, México, Fontamara, 2010.

COSTA, MARIANNE, y ALEJANDRO JODOROWSKY, *Metagenealogía*, Madrid, DeBolsillo, 2016.

——, *La vía del tarot*, Madrid, DeBolsillo, 2016.

ESTUPINYÀ, PERE, *Comer cerezas con los ojos cerrados. El ladrón de cerebros*, Madrid, Debate, 2016.

FERNÁNDEZ PORTA, ELOY, *Eros. La superproducción de los afectos*, Barcelona, Anagrama, 2010.

FRAZER, JAMES GEORGE, *La rama dorada. Magia y religión*, trad. Elizabeth Pound y Tadeo Ibáñez Campuzano, México, Fondo de Cultura Económica, 1980.

FREUD, SIGMUND, *El porvenir de una ilusión; El malestar de la cultura y otras obras (Obras completas,* vol. XXI*)*, trad. José Luis Etcheverry, Buenos Aires, Amorrortu, 1986.

HALEVI SHIMÓN, Z'EV BEN, *El camino de la Kabbalah*, trad. Julieta y Cristina Harari, México, Pax, 2005.

HORNBY, NICK, *Alta fidelidad,* trad. Miguel Martínez-Lage, Barcelona Anagrama, 2007.

HUIZINGA, JOHAN, *Homo ludens,* trad. Eugenio Imaz, Buenos Aires, Emecé, 1968.

KAKU, MICHIO, *Universos paralelos. Los universos alernativos de la ciencia y el futuro del cosmos,* trad. Dolors Udina, Girona, Atalanta, 2008.

KINGSLEY, PETER, *Filosofía antigua, misterios y magia. Empédocles y la tradición pitagórica,* trad. Alejandro Coroleu, Girona, Atalanta, 2008.

KINNISON, JEB, *Bad Boyfriends. Using Attachment Theory to Avoid Mr (or Ms) Wrong and Make You a Better Partner,* edición de autor, 2014.

KOERNER, BRENDAN I., "Online dating...", *Wired,* 10 de mayo de 2015.

KROMBERG, JENNIFER, "The Five Stages of Grieving the End of a Relationship", *Psychology Today,* 11 de septiembre de 2013.

KÜBLER-ROSS, ELIZABETH, *Sobre la muerte y los moribundos,* Madrid, DeBolsillo, 2010.

LEVINOVITZ, ALAN, *La mentira del gluten,* Barcelona, Planeta, 2016.

LIPOVETSKY, GILLES, y SÉBASTIEN CHARLES, *Los tiempos hipermodernos,* trad. Antonio Prometeo Moya, Barcelona, Anagrama, 2006.

MANES, FACUNDO, y MATEO NIRO, *Usar el cerebro. Conocer nuestra mente para vivir mejor,* Barcelona, Paidós, 2016.

MARINA, JOSÉ ANTONIO, *Por qué soy cristiano,* Barcelona, Anagrama, 2005.

MEYER, ROBINSON, "When You Fall in Love, This is What Facebook Sees", *The Atlantic,* 15 de febrero de 2015.

OBER, JOSIAH, *The Laws of War,* Londres, Yale University Press, 1994.

PLATÓN, *El banquete,* en *Diálogos,* México, Porrúa, 1993.

POLLAN, MICHAEL, *Cooked. A Natural History of Transformation,* Nueva York, Penguin, 2013.

RONSON, JON, *Humillación en las redes. Un viaje a través del mundo del escarnio público,* Barcelona, Ediciones B, 2015.

SAVATER, FERNANDO, *Ética para Amador,* Barcelona, Ariel, 1991.

SEPINWALL, ALAN, *The Revolution was Televised. The Cops, Crooks, Slingers and Slayers Who Changed TV Drama Forever,* edición de autor, 2012.

TARNAS, RICHARD, *Cosmos y Psique. Indicios para una nueva visión del mundo,* trad. Marco Aurelio Galmarini, Girona, Atalanta, 2008.

WATZLAWICK, PAUL, *La realidad inventada,* trad. Nélida M. de Machain, Barcelona, Gedisa, 2009.

WEISS, BRIAN, *Muchas vidas, muchos maestros,* trad. Edith Zilli Nunciati, Barcelona, Ediciones B, 2010.

WOOD, KENDALL, "Men Vs. Women", *Elitedaily,* 7 de diciembre de 2015.

Cosas que debes saber antes de cumplir cuarenta
de Fausto Ponce
se terminó de imprimir y encuadernar en febrero de 2017
en Diversidad Gráfica, S. A. de C. V.
Priv. de Avenida 11, 4-5 El Vergel cx-09880 Ciudad de México